유아창작공예

- 입체조형중심 -

이경희 저

태영출판사

머리말

사물을 이용하여 무엇을 만드는 것은 인간 모두에게 흥미와 즐거움을 주는 활동이다. 어린이들에게 조형활동은 자기표현의 가장 자유롭고 편리한 방법이다. 무엇을 가지고 여러 가지 생각과 모색으로 무엇인가를 만드는 조형활동은 인간이 본성적으로 자신이 알고 있고 느끼고 있는 것을 밖으로 표출하는 과정을 통해 흥미, 기쁨, 성취감, 만족감 등을 느끼게 한다.

또한 조형활동은 유아의 성장과 발달을 돕는다. 자기가 만든 작품을 보며 유아기에 중요한 자신감 등 자신에 대한 긍정적 자아개념이 형성될 뿐만 아니라 활동을 하는 과정과 결과물에 대한 감상과 평가를 통해 신체 발달, 정서 발달, 인지 발달, 사회성 발달, 정서 발달을 이룰 수 있다.

본 저서의 제목은 예비유아교사 양성 대학교에서 교과목으로 많이 사용되는 '유아창작공예'로 정하였다. 본 저서는 유아들을 지도하는 교사를 위한 것으로 유아들의 입체중심 조형활동을 지도하는데 필요한 이론과 유아들이 할 수 있는 실제적인 활동들 그리고 교사로서 유아들의 활동을 돕는데 필요한 활동을 중심으로 하였다.

이론편 에서는 유아들의 입체조형 활동을 이해하고 지도하는 유아교사로서 알아야 할 조형의 원리, 사용하는 재료와 도구의 특성 등 기본 개념을 제시하였다. 실제편에서는 유아교육 현장에서 유아들과 할 수 있는 활동들로써 점토활동,

자연물 조형활동, 염색활동, 재활용품 조형활동, 종이 조형활동, 철사 조형활동, 벽걸이 조형활동, 음식물을 이용한 조형활동을 제시하였다. 유아들보다는 교사들에게 필요한 활동으로 폼아트 활동과 환경구성을 제시하였다.

각 장마다 과제를 제시하여서 현장과 연결될 수 있도록 하였고, 각 장의 과제를 수행한 결과물을 모아 유아창작공예 교과목 포트폴리오를 구성할 수 있도록 하였다.

여러 가지로 부족함이 많은 저서이나 이 저서가 나오기 까지 하나님의 도우심에 감사드리며, 사랑하는 인천재능대학교 유아교육과 학생들과 출판을 맡아 주신 태영출판사 사장님과 편집부에 감사의 마음을 전한다.

저자 이경희

차 례

제1부 이 론 편

제 1 부

이 론 편

제1장

조형예술의 이해

1. 시각예술 미술

인간은 몸짓, 그적임, 소리내기, 다양한 사물로 만들기 등 자신의 생각과 감정을 표현하는 표현본능을 갖고 태어난다. 인간의 표현본능은 그 시대의 문화를 창조하고 발달시킨다. 인간의 표현본능은 여러 형태의 표현방법으로 발전하여 시각예술, 공간예술, 종합예술, 공연예술, 전위예술 등 예술의 여러 장르를 발전시켰다.

시각예술인 미술은 인류 역사와 함께해 온 이런 표현활동 중 하나이다. 미술을 장르별로 나누어 보면, 오랜 기간 존재해 온 그림회화, 조각, 판화 등과 같은 전통미술과 오늘날 사진, 비디오, 컴퓨터로 만들어진 이미지를 바탕으로 하는 현대적인 흐름이 있다. 최근에는 환경예술, 행위예술, 개념미술, 설치라는 새로운 개념의 시각예술과 여기에 건축, 인테리어 디자인, 공예, 섬유예술, 패션디자인, 그 밖의 실용분야 등 응용미술이 있으며, 민속예술, 포스터, 만화, 신체장식, 낙서그림 같은 대중미술이 있다.

전통적으로 미술을 이야기할 때에는 전통미술이 주가 되었으나 오늘날 영화나 만화의 캐릭터도 미술가들의 표현 소재가 되고 있으며, 표현 형태에 있어서도 미적인 요소를 중요시하기보다는 청각적, 촉각적, 공간적인 다양한 요소를 포함하고 음악, 무용과 같은 다른 예술 장르를 포함하는 놀이적 요소를 강조하는 작품들도 있어 미술과 미술작품에 대한 관점도 변화가 되고 있다.

앞으로 인간 사회가 더욱 급변하고, 인간의 사고가 더욱 다양해지며, 생활양식도 더 다양하고 새로운 형태로 나타나는 것과 같이 시각예술도 포스트모던한 방향으로 나아갈 것이다. 다시 말하면 폭넓고 포괄적인 여러 가지 형태가 만나 새로운 표현양식이 되며 시각예술을 보는 관점도 변하여 과거의 규범화되고 규칙적인 정형화된 틀이 깨어지고 새롭고 창의적인 예술이 될 것이다.

2. 미술과 조형

시각예술 관련 책자나 언어의 표현에 미술과 조형이란 용어가 나오는데, 일반적으로 미술이란 용어가 조형이란 용어보다 익숙하다. 용어적인 측면에서 보면 미술은 18세기에 생성된 용어로서 현대 미학적인 측면에서 보면 조형에 비해 좁은 의미를 갖고 있다. 미술이 주로 시각을 이용한 표현이라면 조형은 기존의 미술개념에서 벗어나 탈장르화와 통합장르화하는 21세기 미의 본질을 가장 적절히 내포하고 있는 용어라 할 수 있다(류지후 외 3, 2001).

유아교육에서 미술활동은 놀이적 특성을 가지고 있다. 영아기에 손에 잡은 엄마의 립스틱 등으로 얼굴이나 벽에 그리기를 하고, 연령이 높아질수록 다양한 것으로 그리고 만드는 행동을 하는 등 유아들에게 미술은 생활 속에서 놀이로 시작하였다. 유치원이나 어린이집에 와서 자유선택활동 시간에 자유롭게 다양한 재료를 가지고 그리거나 만들기 활동을 하거나 교사가 준비한 활동을 하는 등 좀 더 교육적인 의도가 있는 계획에 의해 활동을 하면서 유아의 창의성과 예술성이 길러진다.

활동은 개별적으로 또는 소집단, 대집단을 이루어 할 수 있으며 미술활동영역에서 하게 된다. 5세 누리과정에서 자유선택활동에 '조형영역'으로 표기(교육과학기술부, 육아정책연구소, 2012)되었으나, 3-5세 연령별 누리과정에서는 '미술영역'으로 표기(교육과학기술부, 인천광역시유아교육진흥원, 2013)되어 있다.

3. 조형활동의 요소 및 원리

조형활동은 자신이 느끼고 생각한 것을 표현하는 것이다. 많은 조형 예술품들이 있지만 어떤 작품은 금방 잊혀지거나 없어지며 어떤 작품은 깊은 감동을 주며 오래 보존되고 기억된다. 이러한 차이는 결국 작품이 이루고 있는 예술성인데 이런 예술적 가치가 높은 작품에는 모든 사람이 인정하고 보기를 원하는 요소와 원리들이 있다. 이러한 요소와 원리로 조형요소, 표현요소, 조형원리를 들 수 있다.

교사가 조형요소, 표현요소, 조형원리에 대한 이해를 하고 있다면 유아들의 조형활동을 보다 심미적, 창의적이 되도록 도울 수 있으며 작품성도 높일 수 있다.

1) 조형요소

조형요소는 사람에 따라 점, 선, 면, 형, 명암, 색, 질감, 공간 등 자세하게 나누기도 하며 형태, 색, 질감 등 단순하게 나누기도 한다. 여기서는 점, 선, 면, 형, 색, 질감, 공간으로 나누어 알아보았다. 각 요소간의 구성과 조화에 의해 예술이 이루어진다.

(1) 점

점은 표면에 나타나는 가장 작은 면적이지만 이 점들이 모여 선과 면을 이루게 된다. 점들이 모여서 면적을 차지하고 점의 색깔과 점들이 모인 형태를 통해 조형적 아름다움을 나타낸다.

점과 점의 모임이 훌륭한 조형작품으로 나타난 예를 들면 조르주 쇠라의 [그랑드 자트 섬의 일요일 오후]를 들 수 있다. 점으로 표현하는 기법을 점묘법이라고 하는데, 이 그림은 점묘법으로 유명한 그림이다. 점묘법은 물감을 섞어 색을 만들지 않고, 캔버스에 작은 점들을 찍어 색이 혼합된 느낌을 주는 것으로 부드럽고, 정교함이 나타난다. 조르주 쇠라는 이 그림을 그리는데

2년이나 걸렸다고 한다.

(2) 선

선은 점들이 연속해서 이어진 것이다. 굵고 가는 여러 형태의 선의 모양은 방향성, 속도, 강조, 아름다움을 나타낸다. 선들이 모여서 면을 이룬다. 선은 처음 시작한 부분이 있고 끝나는 부분이 있다. 선은 직선, 사선, 처음과 끝이 만나지 않는 열린 선, 처음과 끝이 만나는 닫힌 선, 원형, 타원형, 회전하는 등 다양한 선의 형태로 표현된다. 또 선들이 만나 면을 이루기도 하며 면에 선을 반복적으로 그려 부피감을 나타내기도 한다.

켈로그는 2-4세 긁적기리기 단계에 있는 유아들의 그림에서 나타나는 선으로 점을 포함한 기본형 20개를 제시했는데 이 패턴을 보면 유아들이 매우 다양한 선 모양을 표현한다는 것을 알 수 있다.

선이 아름답게 표현된 그림의 예로 빈센트 반 고흐의 [별이 빛나는 밤에]를 들 수 있다. 이 그림은 선의 다양한 형태가 색깔과 만나 사물을 역동적으로 환상적으로 표현하고 있다. 선을 이용하여 밤하늘에 구름과 대기가 소용돌이치며 떠있고, 달과 별이 부옇게 번져서 보이도록 그렸다. 이 그림은 선을 이용해서 그렸지만 강렬한 느낌을 준다.

(3) 면

선들이 모여 면적을 차지하면 면이 된다. 면들의 관계, 즉 면들이 어떻게 모이느냐에 따라 입체적인 표현, 도형적인 표현, 공간적인 표현 등을 나타낼 수 있다. 넓은 면과 좁은 면, 규칙적인 면과 불규칙적인 면, 높고 낮은 면 등 그 차이를 느낄 수 있는 다양한 면을 표현할 수 있다.

면을 이용한 특색 있는 그림으로 파블로 피카소의 [아비뇽의 처녀들]을 들

수 있다. 이 작품은 면을 이용하여 사람을 표현하였다. 여성들의 몸통은 유연하고 부드러운 육체를 가진 인간의 몸이 아니라 원통형, 원뿔, 원기둥의 도형적인 면들로 표현되어 있다. 여성들의 얼굴도 평면적이며 가면적이다. 이 그림은 전체적으로 비교적 날카로운 느낌을 준다.

(4) 색

색이란 햇빛이나 인공의 빛이 물체의 표면에 부딪쳤을 때 반사되는 파장이 보는 사람의 눈에 다다르는 물리적 현상이다. 색은 우리가 다 표현하기 어려울 정도로 여러 가지이다. 인간은 색에 대해 정서적, 심리적, 이성적으로 느끼는 것이 다르다. 색에 대한 개인적인 기호도 다르게 나타난다. 그러나 일반적으로 공통되게 느껴지는 색의 특징들이 있다. 교사가 이러한 색에 대한 기초적인 특징을 알고 유아를 지도한다면 유아의 심리적, 정서적, 인지적 상태를 이해하면서 보다 아름다운 작품 활동이 되도록 도울 수 있다.

유아는 성장하면서 색에 대한 지각이 정확해지고 사용 능력이 점점 증가한다. 유아가 색을 알게 되는 과정은 여러 경험을 통해 인지되어 가지만 그 중에서도 먹는 것과 밀접한 관계가 있다. 먹는 것에서부터 자동차의 색깔 등 범위가 넓어진다. 유아는 색깔을 알아도 막상 그림을 그릴 때는 원래 사물의 색과 상관없이 그냥 칠하는 경우가 있다. 즉, 5세 이전에는 모델의 색과는 관계없이 그냥 칠하는 경우가 대부분이며, 5세 이후에는 시간이 걸리더라도 모델의 색깔과 같게 칠하려는 노력이 엿보인다(김정, 1987).

색에 대한 기초적인 지식을 살펴보면 다음의 몇 가지를 들 수 있다.

① 삼원색

삼원색(김경인 역, 2005)은 빨강색, 파랑색, 노랑색이다. 이 세 가지 색은 원색으로써 다른 색을 혼합하여 만들 수 없는 순수한 성질을 가지고 있다. 삼원색은 모든 다른 색채를 만드는 기본색이다. 이들 세 가지 색상의 중간에 위치하는 것을 이차색이라고 하며 이차색과 원색을 혼합한 것을 삼차색이라 한다. 이차색엔 빨강색과 노랑색의 중간에 있는 주황색, 노랑색과 파랑색 중간에 있는 초록색, 빨강색과 파랑색의 중간에 있는 보라색이 있다. 삼차색은 원색과 이차색을 혼합한 색으로 빨강과 보라를 혼합한 자주색이 있고, 파랑과 보라를 혼합한 남색, 초록과 파랑을 혼합한 청록, 초록과 노랑을 혼합한 연두, 노랑과 주황을 혼합한 갈색, 주황과 빨강을 혼합한 주홍이 있다.

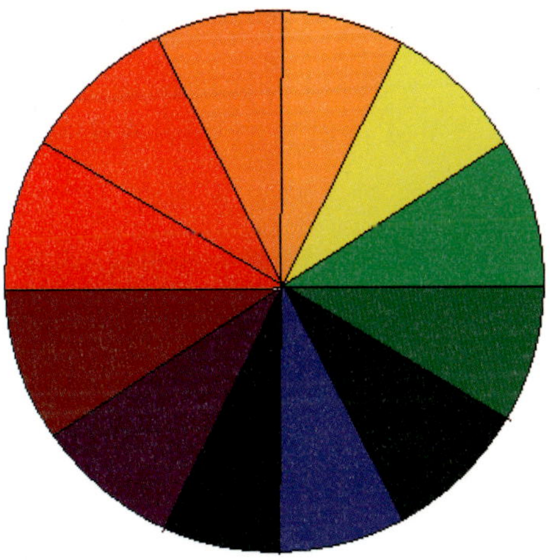

12색상

② 색의 3속성

색상, 채도, 명도를 색의 3속성이라 하는데 다양한 색채와 성질을 이 세 가지로 표현할 수 있다.

(가) 채도

색의 순도, 선명함, 동일색상 중에서 가장 채도가 높은 색이 가장 진하고 강한 색(순색)이다. 반대색인 보색이나 검정 또는 회색을 섞으면 채도가 낮아진다. 노랑색을 예로 들면 노랑 중에서 원색 노랑이 채도가 가장 높은 노랑이며 다른 색이 더 섞여 어두워질수록 채도가 낮은 노랑이 된다. 색을 가진 경우에만 채도라는 말을 사용할 수 있다. 흰색과 검은색은 채도를 말할 수 없다.

(나) 명도

명도가 가장 높은 가장 밝은 흰색(명도가 가장 높은 색)에서 명도가 가장 낮은 가장 어두운 검정(명도가 가장 낮은 색)까지의 밝기에서 색이 어느 위치에 해당하는지를 나타내는 밝기의 정도를 말한다.

(다) 색상

색의 이름을 말하며 크게 무채색과 유채색이 있다.

ⓐ 무채색 : 흰색과 검정색 그리고 그 사이에서 생기는 회색을 무채색이라 한다. 무채색은 채도가 없고 명도만 있다.

ⓑ 유채색 : 무채색을 제외한 모든 색을 말한다. 유채색은 서로 색이 다르고 유채색끼리 혼합하면 또 다른 색이 생긴다.

③ 인간과 색

(가) 인간의 정서, 사회적 태도와 색

색을 인간의 정서와 사회적 태도 측면에서 연구한 사람들의 연구결과를 제시하면 다음과 같다(김정, 1987).

ⓐ 알슈러(Alschuler)와 해트윅(Hattwick)의 조사

좋아하는 색깔	내용적 의미
빨강	따뜻한 색깔을 좋아하는 아동과 유사하며 협동적임. 엷게 칠한 경우는 애정 · 상쾌함, 무겁고 굵거나 수직의 경우는 공격적 · 자기주장 등임.
파랑	불안 · 공포심이 있을 때 엷게 칠하거나 덩어리로 칠할 경우 외적인 규범에 맞추려는 경향이 있음. 선 · 구성 또는 형태로 칠하는 경우 활동적인 경향으로 받아들임. 어른들의 규격에 맞추려고 함.
노랑	의존적인 경향이 짙음. 정신적으로 낮은 편임. 타인과의 관계가 비교적

좋아하는 색깔	내용적 의미
	좋음. 어린이다운 행복감에 젖어들 때가 많음. 파랑과 함께 쓰면 어떤 욕구가 있음.
초록	자기만족이나 스스로 확신을 갖는 편임. 생각해서 행동하며 주의 깊은 경향이 있음. 일상생활에서 협조적인 태도, 어떤 단서를 주의 깊게 생각안함. 통계에 따르면 파랑과 초록은 감정적 요소가 있는 듯함.
검정	감정이 결여된 상태나 공포 및 불안에서 받는 압박의 반응이 반영됨. 외형상으로 복종, 순종을 잘 하지만 내면적으로 자기 스스로를 억제하는 편임. 본인의 신체적인 결함도 표현함.
주황	주위 환경에 잘 순응하고 명량한 기분과 관련 있음. 약한 어린이나 공상적 놀이에 빠져 버린 어린이가 많음. 어떤 도피성 생활과도 관련 있음.
고동	파란색과 대조적인 의미를 갖는데 지나치게 청결습관을 강요받는 가정에서 자주 발견되는 듯함. 어린이가 많이 쓰지 않음.
보라	어린이가 많이 쓰지 않음.

ⓑ 아사리의 조사

색깔	색채의 심리 · 생리적 의미
흰색	경계심 · 실패감
검정	공포심 · 부모의 히스테리
빨강	불만 · 비판 · 공격
주황	애정의 극도 결핍
노랑	애정의 요구
고동	욕구 · 식욕 · 물욕
초록	허약 · 피로 · 슬픔
파랑	의무감 · 복종 · 순종
보라	질병의 상해와 그 영향
분홍	아픈 마음
회색	불안
검정+빨강	어머니의 꾸지람 · 부재 · 사망 · 교사
검정+노랑	아빠의 꾸지람 · 사망 · 교사
검정+고동	극도의 애정부족 · 도벽
검정+파랑	체념 · 심술궂음
검정+초록	학대 · 계모 · 반목

색깔	색채의 심리 · 생리적 의미
검정+보라	엄마의 병적 히스테리
검정+흰색	공포심
빨강+파랑	질투심 · 부러움
빨강+초록	성의 관심
파랑+노랑	걱정 및 근심
파랑+주황	불결 · 우둔
보라+흰색	부상 · 실패감 · 죄악감 · 가해
보라+빨강	출혈 · 월경
보라+노랑	질병 · 다쳤을 때 · 고독감

(나) 찬색과 따뜻한 색

색에는 파랑과 같은 찬 느낌의 색과 빨강과 같은 따뜻한 느낌의 색이 있다. 기온이 높은 여름에는 찬 느낌의 색을 선호한다. 기온이 낮은 겨울에는 따뜻한 느낌이 나는 색을 선호한다. 그것은 색이 주는 느낌이 인간의 온도에 대한 지각에 작용을 하기 때문이다.

(다) 한국 전통의 색

한국 전통 색깔은 오방색이라 하며 궁궐의 단청이나 조각보, 복주머니 등 생활 소품의 색으로 즐겨 사용되었다. 오방색은 색에 따른 의미가 각각 다르다. 청색은 동쪽, 봄, 발전을 의미하고, 적색은 남쪽, 여름 애정을 의미하며, 황색은 중앙, 권력, 임금의 옷을 의미하며, 백색은 서쪽, 결백, 순결을 의미하며, 흑색은 북쪽, 겨울, 파괴를 의미한다.

색의 느낌을 잘 표현한 것으로 앙리 마티스의 [붉은 방]을 들 수 있다. 이 그림은 방 안이라는 공간적 느낌이 전혀 느껴지지 않고, 뒤쪽이 창문인지 액자인지 알 수 없는 그림이다. 마티스는 화려한 색채의 마술사로 불리는데 그는 평면적인 화면 속에 원색의 화려함과 강렬한 무늬, 형태의 단순함을 추구한 것을 그 특징으로 한다. 2차원의 평면적인 것을 강조하려 했고, 사물을 단순화시키고 색채가 주는 아름다움을 나타내려고 하였다.

(5) 질감

사물의 표면적 느낌을 표현하는 것으로, 사물이 느껴지는 대로 또는 보여지는 대로 표현하는 것이다. 눈으로 보는 질감과 실제 표현된 질감이 다른 경우도 있다. 작품을 눈으로 볼 때 매끄럽게 보이나 손으로 만지면 거칠게 만져지는 표현도 한다.

(6) 공간

공간은 위, 아래, 옆, 밑에, 안에 등 공간적인 관계를 의미한다. 실제공간은 3차원 안에 형성된다. 사물을 어떤 시각에서 보느냐에 따라 보이는 면이 다르게 나타난다. 3차원 공간은 높이, 넓이, 깊이 등으로 나타나는 반면에 2차원 공간에서는 높이와 넓이만 있을 뿐이다. 2차원 공간에서 깊이를 표현하기 위해 원근이나 명암의 표현기법을 사용하기도 한다.

2) 표현요소

그림을 표현하는 요소로 명암, 양감(볼륨), 원근감을 들 수 있다.

(1) 명암

명암은 사물이나 장면에 빛이 비치는 방향과 정도에 따라 밝게 빛나는 부분과 어둡거나 그늘진 부분이 생기는데 밝고 어두움을 말한다. 명암표현은 그림이 그려진 상황이나 아름다움을 나타낸다.

명암표현의 한 예로 렘브란트의 [자화상]을 들 수 있다. 렘브란트는 빛에 의한 명함 묘사를 잘 처리하였다. 빛이 들어오는 곳과 들어오지 않는 곳을 분명하게 나타내고 있다. 머리와 얼굴 이마 부분이 밝으며 오른팔 부분이 어둡다. 빛이 이마 위에서 비추어 오른손 방향으로 비추고 있다는 것을 알 수 있다.

(2) 양감(볼륨)

양감(볼륨)이란 입체감이 있다는 것으로 공간을 차지하고 있는 느낌을 말한다. 김 선은 인물을 볼륨있게 표현하였다. 이 그림은 종이에 연필로 그린 그림으로 아이가 웃는 모습을 소재로 하여 해맑고 순수한 이면에 느껴지는 우직한 무게감을 표현하였다. 연필선의 중첩을 통해 아이의 부드러운 살결과 풍성한 볼륨감을 표현하였다. 삶이라는 긴 여정의 무게감과 혀를 내밀고 해맑게 웃는 아이의 자유로움이 공존하는 그림이다.

(3) 원근감

사물이 멀고 가까운 느낌을 원근감이라고 한다. 유아들은 공간 지각력이 늦게 발달되기 때문에 그림에서 원근감을 기저선으로 처리한다. 기저선을 그려 기저선 위쪽에 있는 것은 먼 곳을 의미하고 밑에 쪽에 있는 것은 가까운 곳을 의미한다.

3) 조형원리

(1) 통일성

조형표현에서 여러 구성요소들이 반복과 연속의 일관성을 가지며 질서를 갖추도록 하여 아름다움을 나타내는 원리이다. 즉, 수많은 요소들이 각각의 역할을 하면서 전체적으로 조화를 이루며 어우러지게 하는 것이다.

이 그림은 지오반니 치마부에가 그린 [후광의 성모자]이다. 이 그림은 단순한 우연 이상의 우연된 질서로 가운데를 중심으로 양쪽에 있는 그림이 일관성 있게 되어 잘 어우러지고 있다.

(2) 강조

한 곳이 다른 곳보다 두드러지게 강조되어 주목하게 만드는 방법이다. 표현하고 싶은 부분이나 특징을 나타내고자 할 때 배경을 생략하고 강조할 부분이나 요소를 중점적으로 그리거나, 다른 부분과 분리시켜 그리거나, 특별히 크게 그리거나, 색으로 두드러지게 하여 강조한다.

강조의 조형원리를 활용할 때는 한 면에 강조하는 부분을 두 가지 이상 두지 않는 것이 좋다. 두 가지 이상의 강조는 초점을 흐리게 하기 때문이다.

(3) 균형

선, 색, 면 등 조형요소들이 어느 한쪽으로 기울지 않고 시각적으로 고르게 표현하여 아름다움을 추구하는 원리이다.

균형에는 대칭균형과 비대칭균형이 있다. 대칭균형은 중앙선을 중심으로 동일한 요소들이 좌우에 반복되는 표현이며, 비대칭균형은 양쪽 면이 서로 다른 것들로 이루어져 있으면서도 무게감과 주목성 등이 균형 있게 보이도록 표현하는 것이다. 대칭균형은 사람의 얼굴, 곤충, 동물의 평면도, 식물 등에서 찾아볼 수 있다. 유아들 작품에서도 많이 발견되는데 심리학자들에 의하면 우리 몸이 기본적으로 대칭이라는 사실을 유아들이 알고 있어서 이 원리를 본능적으로 대입시키려 하기 때문이라고 설명한다. 대칭균형은 정적인 느낌과 영구성, 강인성, 안정성을 느끼게 해 주며 회화작품보다는 권위와 힘을 나타내는 공공건축물에서 많이 발견할 수 있다(류지후 외 3, 2001).

비대칭균형의 예로 세상에 잘 알려진 레오나르도 다빈치의 [모나리자]를 들 수 있다. 모나리자의 구도가 삼각형 구조로 이루어져 안정감이 있다. 또한 뒤의 배경이 왼쪽부터 진했다가 오른쪽으로 갈수록 점점 더 밝아지게 함으로써 모나리자를 더욱 주목하게 한다.

(4) 동세

동세(動勢)는 움직임을 표현하는 것이다. 동세는 선, 형의 강약과 반복에 의한 표현으로 움직임을 나타내는 것이다. 에드가 드가의 작품 [무대 위에 무희]는 마치 정말 무대 위에서 금방이라도 춤을 출듯한 생동감을 주고 있다. 그의 그림을 보면 발레리나가 어느 방향으로 돌지, 어느 쪽으로 움직일지가 보인다. 또한 이중섭의 [소]는 유화를 사용하여 그린 작품으로, 흰 선은 마치 살아 있는 소가 거친 숨을 내쉬며 분노하는 듯 생동감을 더해 주고 있다. 소머리 부분은 이런 바탕 위에 선과 색을 더욱 절묘하게 배합하여 그렸고, 머리 부분에서 보인 이러한 절정은 목덜미를 지나 꼬리와 생식기를 거치면서 힘이 분산된다.

(5) 리듬

리듬은 규칙 또는 불규칙하게 보여지는 형태의 반복적 흐름에 의한 표현이다. 바실리 간딘스키의 [구성]은 음악적인 리듬감을 짧고, 길고, 굵고, 얇음으로 나타내었다.

4. 조형예술 감상

1920년대 초반에 전개된 작품연구(picture study) 운동과 관련된 미술용어이다. '감상한다'라는 말은 '평가한다' 또는 사람들이 지속적으로 연구하여 친밀해짐으로써 대상의 가치를 의식하는 것을 뜻한다. 감상은 대상, 미술가, 사용된 재료, 역사적 또는 양식적 배경, 비평적 감각 개발과 관련된 지식을 얻는 것이다. 감상은 자발적이며 객관적 반응에서 시작되지만 그것으로 끝나지 않는다. 주의 깊게 보는 것(looking)과 단순히 보는 것(seeing)의 차이를 이해하는 것이다(전성수 외 2006).

유아들에게 감상은 생활 속에서 자연스럽게 이루어지기도 하며 교육적인 의도에 의해 적극적으로 이루어지기도 한다. 유아들은 자연의 여러 가지 사물을 관찰하고 감상하는 것을 통해 사물이 갖고 있고 나타내는 아름다움과 조형적 요소를 다 인식하게 되고 자신의 조형활동 속에서 모방하고 재창조하게 된다. 교사는 적극적으로 감상활동을 하여 유아들의 심미감이나 창의성을 길러줄 수 있다. 아름다운 예술 작품을 제시하고 무엇을 보아야 할지 어떻게 보아야 할지 제안하고 재료의 사용 등을 생각해 보게 함으로써 작업 의욕을 주며 모방과 재창조의 가능성을 높여 준다.

박영아 등(2006)이 제시한 미술감상 활동이 유아에게 주는 이점을 보면 다음과 같다.

첫째, 미술작품과 친숙해지도록 한다.

미술작품을 세밀하게 관찰하면서 작품에서 뛰어난 부분 또는 결여된 부분에 대해 비판적인 감상력을 발달시킬 수 있다.

둘째, 심미감과 감수성을 발달시킨다.

일상생활 속에서 미적인 대상을 발견하고 즐기고 생활에 응용하는 능력을 기를 수 있다. 여러 가지 매체로 만들어진 작품이 가진 조형요소나 작품의 특징을 찾고 비교하는 과정을 통해 미적인 안목을 기를 수 있다.

셋째, 조형능력을 기른다.

감상은 작품제작에 도움을 준다. 유아는 작품을 제작하면서 자신의 작품을 계속해서 비평하고 감상하고 감상 결과를 표현 활동에 다시 작용함으로써 표현 속에 감상의 경험이 반영된다.

넷째, 미술표현의 다양성을 이해한다.

같은 주제, 같은 재료로 만든 작품이라 할지라도 작가나 시대, 문화에 따라 다르게 표현될 수 있다. 같은 작가의 작품들도 서로 다른 경향을 보일 수 있다는 것을 알게 된다.

다섯째, 시대와 문화를 이해하는데 도움이 된다.

세계 여러 나라의 미술작품을 감상하는 기회는 문화의 다양성을 인식하게 하고 타문화를 존중하는 태도를 길러줄 수 있다. 또한 모든 문화는 고유한 가치를 지니며 문화간의 유사성과 차이가 있음을 알 수 있다.

여섯째, 언어능력과 논리적 · 비판적 사고를 기른다.

자신의 감상 내용을 말이나 글로 표현하면서 언어적 표현 능력, 적절한 어휘 선택 사용, 논리성이 길러진다. 서로의 견해를 나누면서 자신과 타인의 견해를 존중하는 법을 배우게 된다.

제1장 과제

1. 조형 원리를 잘 나타내 주는 작품을 제시하고 감상한 바를 설명하시오.

조형 원리	작품명(화가명)	감상 내용
통일성		
강조		
균형		
동세		
리듬		

2. 우리나라 전통색이 잘 나타나 있는 사물을 찾아 기록하시오.

3. 다른 나라 전통색을 조사하여 기록하시오.

제2장

유아 조형활동

1. 조형활동 교육
2. 유아 조형활동의 중요성과 목적
3. 유아의 입체조형 활동 능력
4. 유아의 입체조형 활동에 대한 학자들의 연구결과
5. 입체조형 활동이 유아 발달에 주는 영향

1. 조형활동 교육

조형활동 교육은 1960년대까지 창의성과 인성발달에 초점을 두고 미술교과만의 고유함과 독자성을 주장하면서 이루어졌다. 그러나 점차 조형활동 교육은 교육내용과 학습자 중심으로 변하였으며 사회의 변화와 의식을 수용하는 단계에 이르렀다.

또한 과거엔 교육을 담당하거나 예술에 직접적인 관계자들에 의해 교육의 필요성과 실제가 이루어졌으나 근래에 와서 예술교육이 학습자의 전반적인 발달과 관계가 높다는 의식과 함께 사회와 국가 차원에서 조형예술을 포함한 예술교육이 이루어지고 있다(Anne Bamford, 2007).

2. 유아 조형활동의 중요성과 목적

1) 중요성

유아에게 조형활동은 자신을 표현하고 외부 세계와 연결하는 통로가 된다. 조형활동은 유아의 언어적 · 인지적 · 사회적 · 신체적 · 정서적 발달에 도움이 된다. 특히 의사소통의 수단인 언어발달의 한계로 다른 사람들과 원활한 상호작용이나 의사소통이 이루어지지 않는 부분을 조형활동이 보완해 준다.

리비(Libby, 2002)는 다음과 같이 유아에게 조형활동이 중요함을 설명하고 있다.

(1) 조형활동은 모든 발달, 즉 신체적 · 사회적 · 정서적 · 지적 · 창의적 영역에서 그 기술을 증진시킨다.
(2) 조형활동은 언어적 · 비언어적 표현을 증가시킨다.
(3) 조형활동은 동기화와 자기훈련을 증가시킨다.
(4) 조형활동은 긍정적인 자아상 형성을 돕는다.
(5) 개인적 통찰과 감정의 표현을 할 수 있게 한다.
(6) 집중력을 돕는다.
(7) 소근육 운동을 돕는다.
(8) 문제해결 기술을 활용할 수 있게 한다.
(9) 역사적 · 다문화적 인식을 하는데 도움이 된다.
(10) 유아들이 창의적인 생각을 하도록 돕는다.
(11) 사물을 생생하게 실감하게 한다.
(12) 현실성 있는 꿈을 갖게 한다.
(13) 의사소통을 자극한다.
(14) 자기표현의 필요성을 느끼게 한다.
(15) 성취감을 형성해 준다.
(16) 흥미를 느끼게 한다.

2) 목적

조형활동의 목적은 인간의 표현적 욕구를 자연스럽게 이끌어 내면서 자신의 생각, 느낌을 자연스럽게 표현하며 성장할 수 있도록 다양한 프로그램을 제공하는 것이다. 또한 조형활동이 생활 속에 광범위하게 적용되고 있다는 것을 이해하고 알게 하고 활용하는 것이다.

유아 조형활동의 목적은 몇 가지로 정리해 볼 수 있다.

(1) 결과가 아닌 과정의 중요성

유아의 조형활동은 훌륭한 결과물을 나오게 하는 것이 아니라 활동의 과정 속에서 자신의 표현과 성장 · 발달에 필요한 경험으로 유익을 얻기 위함이다.

(2) 유아의 욕구 충족

유아의 조형활동은 유아의 표현 욕구를 충족시켜 줄 수 있으며 조형활동으로 정서적으로 억압된 것을 분출하여 정서적 결함이 오는 것을 방지할 수 있다.

(3) 창의성 계발

조형활동은 유아로 하여금 사물을 새로운 관점에서 보고 독창적으로 감상하거나 표현할 수 있는 기회를 주어 창의성을 계발할 수 있게 한다.

(4) 성장 · 발달에 유익

조형활동은 유아의 모든 면의 성장 · 발달에 매우 유익하다.

3. 유아의 입체조형 활동 능력

유아들의 그림 발달단계에 대해서는 로웬펠트(Lowenfeld), 버트(Burt) 등 많은 연구결과들이 있으나 입체조형 활동에 대한 연구는 부진하다.

1) 유아 입체조형 활동 연구가 부진한 이유

(1) 유아들의 작품을 분석하고 평가할 수 있는 기준을 세우기 어렵다.

조형작품을 제작하고 이해하는 유아들의 능력은 그들 삶의 인지적, 정서적, 사회적, 신체적 변화와 함께 발달한다. 유아 개인의 성장 배경이 다르므로 인해서 경험이 다르며 다양성, 개성도 다르다. 그러기 때문에 모든 유아들을 한 가지 기준에 의해 평가하기 어렵고 조건과 상황에 따라 여러 가지 평가기준이 있어야 하는데 이런 점이 매우 어렵다.

(2) 유아들의 작품을 연구를 위해 계속 보관하기 어렵다.

연구와 평가를 위해 많은 작품들이 연구 자료로 사용되고 보관되어야 하는데 이런 점이 어렵다. 앞으로 연구를 위한 유아 작품을 체계적으로 수집하고 보관할 수 있는 방법과 기록물로 남길 수 있는 적절한 방법이 개발된다면 이 방면의 연구도 활발히 이루어질 수 있을 것이다.

2) 입체조형 활동 능력이 그림 그리기 활동 능력에 비해 낮아 보이는 이유

일반적으로 유아들의 입체조형 활동 능력은 그림 그리기 활동 능력에 비해 발달되지 않는 것으로 보인다. 그 이유는 다음과 같이 들 수 있다.

(1) 그림 그리기 활동은 평면활동이고 입체 조형활동은 입체활동이다.
(2) 그림 그리기 활동은 종이, 색연필, 크레파스, 물감 등 쉽게 다룰 수 있는 재료로 하지만 입체조형 활동은 다루는 재료도 여러 가지 다양한 형태와 재질과 소재 자체의 특성이 있어 다루기가 보다 어렵다.

4. 유아의 입체조형 활동에 대한 학자들의 연구결과

유아들의 입체조형 활동에 대한 연구를 보면 다음과 같다(이현아, 2005).

1) Golomb의 입체표현 발달단계

Golomb는 유아의 입체표현 발달단계를 탐색기, 문화기, 완성기로 나누었다.

(1) 탐색기(2-4세)

탐색기의 유아는 찰흙을 이용해 공 모양, 납작한 떡 모양, 뱀 모양 등을 만들기 시작한다. 사람 표현은 찰흙의 둥근 덩어리에 조잡하고 대칭적인 구조물을 만들어 내면서 수직 모양의 기둥, 공 모양이나 원반 모양의 얼굴을 표현한다.

(2) 분화기(4-5세)

이 시기 유아들은 그림 표현에서 두 종류의 인물 표현을 한다. 올챙이식 인물 표현, 여러 내적 요소들을 가지는 한 단위의 인물, 회화적으로 납작하게 표현한 인물 등으로 사람을 표현한다. 그러나 손가락, 발가락, 머리카락, 귀 등의 부분적인 신체구조는 표현되지 못한다. 사람 표현에 있어 비례는 무시하며 사람의 앞모습에 집중하여 표현한다.

(3) 완성기(6세 이후)

완성기에는 사람 표현에 있어 전체적으로 균형 있게 표현되며 부분적인 구조들도 표현해 나간다. 평면적인 찰흙 표현 양식도 매우 조잡하고 비분화된 것에서

부터 섬세하고 복잡한 표현에 이르기까지 매우 다양하다. 또한, 대상의 비례도 어느 정도 맞추어 나가며 세부적인 표현도 나타난다.

2) Brittain의 입체표현 발달단계

(1) 2세 입체표현 발달단계

찰흙을 두드리고 잡아떼고 다시 붙이는 등의 활동을 한다.

(2) 3세 입체표현 발달단계

찰흙을 굴려서 공 모양을 만들거나 길게 굴려서 뱀 모양을 만든다.

(3) 4세 입체표현 발달단계

여러 개의 공 모양을 함께 붙여서 좀 더 복잡한 형태를 만들고 이것에 이름을 붙인다.

(4) 5세 입체표현 발달단계

유아가 무엇을 만들겠다고 먼저 이야기한 후에 만들기를 한다. 대부분의 작품은 직립을 하는 사람의 표현이 아니고 납작한 형태로 누워 있는 사람과 같은 표현을 한다. 또한. 그림 그리기에서처럼 머리와 다리만 있는 사람을 만들거나 신체의 부분을 찰흙으로 빚어서 배열한다.

3) 염태진의 입체표현 발달단계

(1) 만 2-3세 무의미한 단계

이 시기 유아는 어떤 목적이나 의도 없이 재미로 즐기면서 노는 단계이다.

무의식적으로 재료와 더불어 근육 운동을 하면서 만드는 시기이다. 종이를 구기거나 찢거나 구멍을 뚫는 활동, 점토를 주무르거나 두드리거나 떼어냈다 붙였다 하는 활동, 빈 상자나 나무토막을 쌓아올리거나 무너뜨리는 활동을 많이 한다. 즉, 창작품을 만드는 것이 목적이 아닌 촉감을 즐기고 즐거움을 느끼는 정도의 단계이다. 이 단계는 유아의 성장 · 발달에 반드시 필요한 시기이다.

이와 같은 과정을 통해 유아들은 재료의 특성을 알게 되며 재료에 대한 흥미와 관심을 갖게 된다. 이 단계의 지도방법은 유아의 무의식적인 만들기 활동을 이해해 주어야 하며, 유아의 무의식적인 만들기 활동을 칭찬하고 격려해 줌으로써 만들고 싶은 의욕을 갖도록 도와주어야 하며 이러한 유아의 탐색활동을 가치 있게 보아야 한다.

(2) 만 3-4세 상징의 단계

이 시기 유아들은 무엇을 계획적으로 만드는 것이 아니라 만들어 놓은 것에 이름을 붙이는 '명명(命名)의 단계' 라고 할 수 있다. 유아들은 자신의 창작품에 이름을 붙이는 것을 좋아하며 붙인 이름도 상황에 따라 달라진다. 이 단계에서도 유아의 창작품은 성인의 눈으로는 이해할 수 없으나 앞의 단계인 무의미한 단계의 만들기 행동과는 다르게 의식적인 만들기로 발전되고 있음을 보여 준다. 이 과정은 다음 단계인 창조의 단계로 연결된다.

교사의 지도방법은 유아의 작품에 대해 '무엇을 만들었니?', '어떻게 만들었니?' 하고 물어 보기도 하고 대화도 하여 유아가 만들기에 대한 이해와 관심을 가지도록 돕는다. 또한 유아에게 칭찬과 격려를 해 줌으로써 만들기에 흥미와 관심을 갖게 하고 자신의 창작 능력에 자신감을 가지도록 도와주어야 한다.

(3) 만 4-5세 창조의 단계

이 시기에는 유아가 무엇을 만들었는지 알아볼 수 있는 단계이며 평면표현 발달단계로 보면 전도식기에 해당하는 단계이다. 유아는 자신의 주변 환경이나 대상 등 다양한 주제를 만들어 나간다. 유아는 자신의 창작품에 주관성을 가미해 자신이 좋아하는 것은 크게 과장해서 만들고 자신이 싫어하거나 관심이 없는 것은 작게 만들거나 생략한다.

이 단계는 인간의 일생 중에서 상상력이나 공상력이 가장 많이 발달하기 시작하는 시기이며, 표현 의욕도 완성한 단계이다. 유아는 만들기에 자신감을 가지고 기술이 늘어감에 따라 자신이 계획한 작품을 완성해 나간다. 또한, 무엇을 만들 때 용구가 필요하다는 것을 알게 되고, 어떠한 용구를 사용하여 만드느냐에 따라 흥미를 가지기 시작한다. 교사는 이 시기의 유아에게 다양한 재료와 용구를 제공해 주어야 한다. 재료를 풍부하게 제공해 주는 것은 공예활동을 왕성하게 해 주는 방법이며 각각의 재료에 알맞은 적절한 용구를 선택하는 능력을 길러주는 것이 된다.

이 단계의 지도방법은 유아들이 상상력을 마음껏 펼칠 수 있도록 자유로운 분위기를 만들어 주어야 한다. 유아의 개성과 자주성을 인정해 주며, 무엇을 만들 것인가 하는 주제선정에서부터 재료의 선택, 재료를 다루는 방법, 제작 기법, 작품의 구성 등 유아 스스로의 힘으로 완성시키도록 지도해야 한다. 또한, 성공이 즐거움과 함께 실패의 괴로움도 유아의 제작 능력의 발달에 필요하다는 것을 인식하고 유아가 스스로 문제를 해결할 수 있도록 격려해야 한다. 교사는 유아 작품의 결과를 중시하지 않고 창작품을 만드는 과정을 중시해야 한다. 또한 교사의 의도나 지시에 의존하지 않고 유아 스스로의 창작 의욕에 의해 동기화되어 만들 수 있도록 지도해야 한다. 유아를 위해 여러 가지 재료와 용구를 제시해 주어 다양한 경험과 창작 의욕을 주고 자유로운 분위기를 조성하여 자유롭게 만들 수 있도록 도와 준다.

5. 입체조형 활동이 유아 발달에 주는 영향

입체조형 활동은 앞서 살펴본 바와 같이 유아들의 발달 수준에 따라 다르며 또한 입체조형 활동은 유아들의 발달에 영향을 준다.

1) 신체발달

입체조형 활동은 유아의 대 · 소근육 및 눈과 손의 협응력, 근육조절 능력 등 신체발달에 긍정적인 자극과 발달을 이루게 한다. 유아들이 다양한 재료를 도구를 이용하여 붙이고 자르고 찢는 등의 활동은 유아의 대 · 소근육을 이용하고 근력과 조절능력을 기르게 한다. 눈과 손의 협응 능력도 길러진다.

2) 인지발달

유아들이 다양한 재료를 이용하여 만들고 싶은 형태나 그 형태를 만들어 가는 과정에서 사고, 아이디어, 지식, 사건의 순서와 인과관계 이해, 문제해결력이 길러진다.

가드너(Gardner)의 다중지능이론 측면에서 지능에 대한 폭넓은 관점은 예술이 학습에 중요한 기여를 한다는 것이다. 다중지능 또는 예술적 지능은 학생들이 공부하는 주제를 제공해 주는 자원들을 넓히는 일로 예술적 행위는 다양한 자원들은 사용하는 다양한 기회를 제공하여 경험하는 것을 통해 새로운 지식의 형식을 확보할 수 있게 한다는 것이다(Eisner, 1990). 다시 말하면 작품을 만드는 과정에서 유아들은 새로운 경험을 하게 되고 이러한 새로운 경험은 새로운 지식을 습득하게 하는 기회가 되어 유아들의 인지적 발달을 돕는다는 것으로 해석할 수 있다.

3) 사회성 발달

유아들이 창작 작품을 만들면서 긍정적인 자아개념이 생긴다. 함께 그룹으로 작품을 만드는 활동을 할 때 다른 유아들과 의견을 나누는 과정에서 타인 존중, 협력, 독립심, 자율성, 질서의식이 길러지며, 소속감을 갖게 된다.

4) 정서발달

유아들이 작품을 만드는 과정이나 다 완성을 할 때 성취감, 만족감, 기쁨, 욕구분출이 이루어져 긍정적인 정서발달에 도움이 된다.

5) 언어발달

작품을 만드는 활동에서 이야기를 나누거나 작품에 대한 명명을 할 때 어휘력, 말하는 능력이 길러지며, 작품을 만드는 과정에서 형태에 대한 변별 등 쓰기의 전 단계 및 쓰기발달에 도움이 된다. 또한 작품을 감상하는 과정에서 언어적 표현능력이 길러진다.

제2장 과제

유아들의 입체조형 활동영역 장면을 관찰하고 나타나는 발달적 특징에 관해 기록하시오.

입체조형 활동장면 유아 수: 남 명, 여 명 일시: 장소
기록
관찰장면 그리기 또는 사진 첨부

발달적 특징(관찰하는 유아의 연령, 성명을 적으시오.)

신체발달	
사회성 발달	
언어발달	
정서발달	
인지발달	

제3장

유아 미술활동 내용과 방법

1. 유아교육기관의 미술활동 내용
2. 유아 미술활동 방법
3. 활동계획 및 운영

1. 유아교육기관의 미술활동 내용

유아들이 교육과 보호를 받고 있는 유치원과 어린이집에서 이루어지고 있는 국가수준의 미술활동 내용은 3-5세 연령별 누리과정과 0-2세 표준보육과정에 의해 이루어진다. 누리과정은 국가가 유아기 발달의 중요성을 인식하고 유아의 교육 · 보육에 대한 국가의 책임을 강화하는 공통과정으로 개발되었다. 2012년 5세 누리과정을 유치원과 어린이집 시작으로 2013년 3-4세로 누리과정을 확대하였다.

유치원과 어린이집의 3-5세 유아들에게는 3-5세 연령별 누리과정에 의한 교육이 교육과 보육 활동의 기본이 되며 어린이집의 0-2세 영아에게는 2013년부터 개정된 제3차 어린이집 표준보육과정(2013년 보건복지부 고시 제2013-8호)에 의한 표준보육과정에 의해 보육활동이 이루어진다.

3-5세 유아의 국가수준 미술활동에 대해 3-5세 연령별 누리과정(교육과학기술부, 인천광역시유아교육진흥원, 2013)을 통해서 그리고 0-2세 영아의 국가수준 미술활동에 대해 0-2세 표준보육과정(2013년 보건복지부 고시 제2013-8호)을 통해서 알아보면 다음과 같다.

1) 3-5세 연령별 누리과정의 미술활동

(1) 목적

누리과정은 만 3-5세 유아의 심신의 건강과 조화로운 발달을 도와 민주 시민의 기초를 형성하는 것을 목적으로 한다.

(2) 목표

누리과정의 목표는 누리과정을 구성하는 5개 영역과 연계되는데 구체적인 목표는 다음과 같다.

누리과정 목표	관련 영역
기본 운동 능력과 건강하고 안전한 생활습관을 기른다.	신체운동 · 건강
일상생활에 필요한 의사소통 능력과 바른 언어 사용 습관을 기른다.	의사소통
자신을 존중하고 다른 사람과 더불어 생활하는 능력과 태도를 기른다.	사회관계
아름다움에 관심을 가지고 예술경험을 즐기며, 창의적으로 표현하는 능력을 기른다.	예술생활
호기심을 가지고 주변세계를 탐구하며, 일상생활에서 수학적 · 과학적으로 생각하는 능력과 태도를 기른다.	자연탐구

(3) 예술경험 영역

누리과정의 내용은 신체운동 · 건강, 의사소통, 사회관계, 예술경험, 자연탐구의 5개의 영역으로 구성되어 있으며 통합적으로 교육활동이 이루어진다. 예술경험 영역은 미술활동과 직접적 관계가 있다.

예술경험 영역의 목표는 아름다움에 관심을 가지고 예술경험을 즐기며, 창의적으로 표현하는 능력을 기르는 것으로 내용범주는 '아름다움 찾아보기', '예술적 표현하기', '예술 감상하기'의 세 가지 범주이며 미술 이외에 음악, 춤, 극놀이의 요소가 있다.

예술경험 영역의 내용범주와 내용에 대한 연령별 세부내용을 전체적으로 제시하면 다음과 같다.

<table>
<tr><th rowspan="2">내용 범주</th><th rowspan="2">내용</th><th colspan="3">3~5세 연령별 누리과정 세부내용</th></tr>
<tr><th>3세</th><th>4세</th><th>5세</th></tr>
<tr><td>아름다움 찾아보기</td><td>음악적 요소 탐색하기</td><td colspan="2">다양한 소리, 음악의 셈여림, 빠르기, 리듬 등에 관심을 갖는다.</td><td>다양한 소리, 악기 등으로 음악의 셈여림, 빠르기, 리듬 등을 탐색한다.</td></tr>
</table>

<table>
<tr><th rowspan="2">내용 범주</th><th rowspan="2">내용</th><th colspan="3">3~5세 연령별 누리과정 세부내용</th></tr>
<tr><th>3세</th><th>4세</th><th>5세</th></tr>
<tr><td rowspan="2"></td><td>움직임과 춤 요소 탐색하기</td><td colspan="2">움직임과 춤의 모양, 힘, 빠르기 등에 관심을 갖는다.</td><td>움직임과 춤의 모양, 힘, 빠르기, 흐름 등을 탐색한다.</td></tr>
<tr><td>미술적 요소 탐색하기</td><td colspan="2">자연과 사물의 색, 모양, 질감 등에 관심을 갖는다.</td><td>자연과 사물에서 색, 모양, 질감, 공간 등을 탐색한다.</td></tr>
<tr><td rowspan="9">예술적 표현하기</td><td rowspan="4">음악으로 표현하기</td><td>간단한 노래를 듣고 따라 부른다.</td><td colspan="2">노래로 자신의 생각과 느낌을 표현한다.</td></tr>
<tr><td colspan="3">전래동요를 즐겨 부른다.</td></tr>
<tr><td>리듬악기로 간단한 리듬을 표현해본다.</td><td colspan="2">리듬악기를 연주해 본다.</td></tr>
<tr><td colspan="2">간단한 리듬과 노래를 즉흥적으로 만들어 본다.</td><td>리듬과 노래 등을 즉흥적으로 만들어 본다.</td></tr>
<tr><td rowspan="3">움직임과 춤으로 표현하기</td><td colspan="2">신체를 이용하여 주변의 움직임을 자유롭게 표현한다.</td><td>신체를 이용하여 주변의 움직임을 다양하게 표현하며 즐긴다.</td></tr>
<tr><td colspan="3">움직임과 춤으로 자신의 생각과 느낌을 표현한다.</td></tr>
<tr><td colspan="2">도구를 활용하여 다양한 움직임으로 표현한다.</td><td>다양한 도구를 활용하여 창의적으로 움직인다.</td></tr>
<tr><td rowspan="2">미술활동으로 표현하기</td><td>다양한 미술활동을 경험해본다.</td><td colspan="2">다양한 미술활동으로 자신의 생각과 느낌을 표현한다.</td></tr>
<tr><td></td><td>협동적인 미술활동에 참여한다.</td><td>협동적인 미술활동에 참여하여 즐긴다.</td></tr>
</table>

<table>
<tr><th rowspan="2">내용
범주</th><th rowspan="2">내용</th><th colspan="3">3~5세 연령별 누리과정 세부내용</th></tr>
<tr><th>3세</th><th>4세</th><th>5세</th></tr>
<tr><td rowspan="5">예술적
표현하기</td><td></td><td>미술활동에 필요한 재료와 도구에 관심을 가지고 사용한다.</td><td colspan="2">미술활동에 필요한 재료와 도구를 다양하게 사용한다.</td></tr>
<tr><td rowspan="2">극놀이로
표현하기</td><td>일상생활의 경험을 극놀이로 표현한다.</td><td>일상생활의 경험이나 간단한 이야기를 극놀이로 표현한다.</td><td>경험이나 이야기를 극놀이로 표현한다.</td></tr>
<tr><td></td><td colspan="2">소품, 배경, 의상 등을 사용하여 협동적으로 극놀이를 한다.</td></tr>
<tr><td rowspan="2">통합적으로
표현하기</td><td></td><td colspan="2">음악, 움직임과 춤, 미술, 극놀이 등을 통합하여 표현한다.</td></tr>
<tr><td colspan="2">예술 활동에 참여하여 표현과정을 즐긴다.</td><td>예술 활동에 참여하여 창의적으로 표현하는 과정을 즐긴다.</td></tr>
<tr><td rowspan="3">예술감상
하기</td><td rowspan="2">다양한 예술
감상하기</td><td>다양한 음악, 춤, 미술작품, 극놀이 등을 듣거나 본다.</td><td colspan="2">다양한 음악, 춤, 미술작품, 극 놀이 등을 듣거나 보고 즐긴다.</td></tr>
<tr><td colspan="3">나와 다른 사람의 예술 표현을 소중히 여긴다.</td></tr>
<tr><td>전통예술
감상하기</td><td>우리나라의 전통예술에 관심을 갖는다.</td><td colspan="2">우리나라의 전통예술에 관심을 갖고 친숙해진다.</td></tr>
</table>

출처 : 교육과학기술부, 인천광역시유아교육진흥원(2013). pp. 127~129

2) 0-2세 표준보육과정의 미술활동

(1) 목적

표준보육과정의 목적은 영유아의 심신의 건강과 전인적 발달을 도와 행복을 도모하며, 민주시민의 기초를 형성하는데 있다.

(2) 목표

목표는 표준보육과정을 구성하고 있는 6개 영역과 연계되어 있다.

0-1세 보육과정	관련 영역	1-2세 보육과정
건강하고 안전한 일상생활을 경험한다.	기본생활 영역	건강하고 안전한 생활습관의 기초를 마련한다.
감각 및 기본 신체운동 능력을 기른다.	신체운동 영역	감각, 신체조절 및 기본 운동 능력을 기른다.
말소리를 구분하고 의사소통의 기초를 마련한다.	의사소통 영역	의사소통 능력의 기초를 기른다.
친숙한 사람과 관계를 형성한다.	사회관계 영역	나를 인식하고 다른 사람과 더불어 생활하는 경험을 한다.
아름다움에 관심을 가진다.	예술경험 영역	아름다움에 관심을 가지고 예술경험을 즐긴다.
보고, 듣고, 만지면서 주변환경에 관심을 가진다.	자연탐구 영역	주변 환경에 호기심을 갖고 탐색하기를 즐긴다.

(3) 예술경험 영역

0-2세 표준보육과정 내용은 6개 영역으로 구성된 기본생활, 신체운동, 의사소통, 사회관계, 예술경험, 자연탐구의 5개의 영역으로 구성되어 있으며 통합적으로 교육활동이 이루어진다. 예술경험 영역은 미술활동과 직접적 관계가 있다. 예술경험 영역 내용 범주는 '아름다움 찾아보기', '예술적 표현하기', '예술 감상하기'이다.

예술경험 영역의 내용범주와 세부내용을 전체적으로 제시하면 다음과 같다 (보건복지부, 중앙보육정보센터, 2013).

<table>
<tr><th rowspan="2">내용 범주</th><th colspan="5">0~1세 보육과정</th><th colspan="3">2세 보육과정</th></tr>
<tr><th>내용</th><th>1수준</th><th>2수준</th><th>3수준</th><th>4수준</th><th>내용</th><th>1수준</th><th>2수준</th></tr>
<tr><td rowspan="2">아름다움 찾아보기</td><td rowspan="2">예술적 요소에 호기심 가지기</td><td colspan="4">주변의 소리와 움직임에 호기심을 가진다.</td><td rowspan="2">예술적 요소 탐색하기</td><td colspan="2">주변환경에서 나는 다양한 소리와 움직임을 탐색한다.</td></tr>
<tr><td colspan="4">주변환경에서 색, 모양에 호기심을 가진다.</td><td colspan="2">주변 환경에서 색, 모양을 탐색한다.</td></tr>
<tr><td rowspan="5">예술적 표현하기</td><td rowspan="2">리듬 있는 소리로 반응하기</td><td colspan="2">리듬 있는 소리에 관심을 가진다.</td><td colspan="2">노래를 부분적으로 따라 부른다.</td><td rowspan="2">리듬있는 소리와 노래로 표현하기</td><td colspan="2">친근한 노래를 따라 부른다.</td></tr>
<tr><td colspan="2">리듬과 노래에 소리로 반응한다.</td><td colspan="2">리듬과 음높이에 맞추어 소리를 낸다.</td><td colspan="2">신체, 사물, 리듬악기 등을 이용하여 간단한 리듬과 소리를 만든다.</td></tr>
<tr><td rowspan="2">움직임으로 반응하기</td><td colspan="4">손발 흔들기와 몸 움직임으로 반응한다.</td><td rowspan="2">움직임으로 표현하기</td><td colspan="2">노래나 리듬에 맞춰 몸으로 표현한다.</td></tr>
<tr><td colspan="2"></td><td colspan="2">간단한 도구를 활용하여 움직인다.</td><td colspan="2">간단한 도구를 활용하여 몸으로 표현한다.</td></tr>
<tr><td>단순한 미술 경험하기</td><td colspan="2"></td><td colspan="2">감각적으로 단순한 미술 경험을 한다.</td><td>자발적으로 미술활동 하기</td><td colspan="2">자발적으로 그리기, 만들기를 한다.
간단한 도구와 미술재료를 다룬다.</td></tr>
</table>

<table>
<tr><th rowspan="2">내용
범주</th><th colspan="5">0~1세 보육과정</th><th colspan="3">2세 보육과정</th></tr>
<tr><th>내용</th><th>1수준</th><th>2수준</th><th>3수준</th><th>4수준</th><th>내용</th><th>1수준</th><th>2수준</th></tr>
<tr><td rowspan="4">예술
감상
하기</td><td>모방행동
즐기기</td><td colspan="2">소리나 얼굴 표정, 몸 움직임 등을 모방한다.</td><td colspan="2">단순한 모방 행동을 놀이처럼 즐긴다.</td><td>모방과
상상놀이
하기</td><td>모방행동을 놀이처럼 즐긴다.</td><td>일상생활 경험을 상상놀이로 즐긴다.</td></tr>
<tr><td rowspan="3">아름다움
경험하기</td><td colspan="2">일상생활에서 반복되는 소리와 노래에 관심을 가진다.</td><td colspan="2">일상생활에서 리듬 있는 소리와 노래를 즐겨 듣는다.</td><td rowspan="3">아름다움
즐기기</td><td colspan="2">자연이나 생활의 소리나 움직임, 친근한 음악과 춤을 관심 있게 듣거나 본다.</td></tr>
<tr><td colspan="4" rowspan="2">일상생활에서 자연이나 사물의 아름다움을 경험한다.</td><td colspan="2">일상생활에서 자연과 사물의 아름다움에 관심을 가지고 즐긴다.</td></tr>
<tr><td colspan="2">자신과 또래가 표현한 노래, 춤, 미술품 등에 관심을 가지고 즐긴다.</td></tr>
</table>

2. 유아 미술활동 방법

교사는 유아의 미술활동을 교육하기 위해 다양한 방법으로 접근할 수 있다. 활동방법은 유아들의 발달적 수준과 요구, 경험의 배경, 활동의 주제, 목표, 재료 등에 따라 달라져야 한다.

1) 이야기나누기

활동에 대한 소개를 하거나 활동의 동기유발을 시키거나 사용할 재료나 도구에 대한 경험이나 지식 등에 대해 이야기를 나눈다. 또 작품에 대한 느낌이나 감상을 이야기 나눈다.

2) 시청각 자료 소개

유아들에게 아름다움을 감상하거나 탐색해 볼 수 있도록 실물, 사진, 동영상물, 입체미술물 등 여러 가지 시청각 자료를 제시한다.

3) 개별작업

자유선택 시간이나 특별히 미술활동을 위해 시간을 정해 놓고 유아들이 개별적으로 활동을 할 수 있게 하는 방법이다. 이때 유아들의 활동 의욕을 높이기 위해 교사는 언어로 상호작용하며 환경을 잘 구성하여 유아들이 스스로 원하는 재료를 자유롭게 사용할 수 있도록 도와 즐겁게 활동할 수 있게 한다.

4) 협동작업

유아들의 대 · 소집단으로 모여하는 협동작업은 개별작업과 달리 여러 가지 장점이 있다. 서로 각기 다르게 인식한 사물에 대한 생각과 느낌을 나눌 수 있으며 다른 사람을 존중하고 양보하는 협동하는 긍정적인 사회적 태도를 기르는데 유익하다. 또 다양한 표현 방법과 기술을 서로 자연스럽게 배울 수 있고 혼자 할 수 없는 큰 작품을 할 수 있다.

동물원을 현장견학한 후 개인별로 그리거나 만들기를 할 수도 있지만 협동작업으로 5-7명 정도의 소집단으로 모여 동물원 전체에 대한 그림이나 만들기 작업을 협동으로 할 때 보다 많은 이야깃거리가 나오며 보다 많은 표현이 가능하게 된다.

5) 게임

게임을 통해 유아들에게 미술예술에 대한 개념이나 감상에 대한 것을 할 수 있다. 작품의 주제를 알아맞추는 게임이라든지, 유사해 보이는 두 작품의 사진을 유아들에게 주고 비슷한 점과 차이점을 찾아보는 게임을 할 수 있다.

우리나라와 다른 나라의 고유한 문양을 찾아보는 게임은 미술적으로 문양에 대한 아름다움과 모양의 차이를 분별할 수 있는 분별력과 관찰력을 길러줄 수 있으며 아울러 다문화교육도 이루어질 수 있다. 또한 그림이나 미술물의 전체적인 장면에서 어떤 일부분을 찾아보는 게임은 유아들에게 감상을 통한 심미감과 관찰력을 길러줄 수 있다.

6) 현장견학

미술관, 박물관, 전시관을 방문하여 전시된 예술작품이나 프로그램에 따라 예술적 경험을 하는 것은 유아들에게 눈을 비롯한 오감을 통한 생생한 감각 경험을 하는 것으로 매우 유익한 교육방법이다. 유아들의 경험을 더 오래 가고 많이 풍부하게 하기 위해 현장견학에서 돌아와 보고 느낀 것을 토대로 이야기나누기, 그리기, 만들기, 극놀이 등 여러 가지 방법으로 다시 표현해 보도록 하는 것이 좋다.

7) 전시와 게시

유아들이 생활하는 공간에 예술적 작품들을 전시하거나 게시해서 작품을 감상하고 이야기하는 것도 미술교육의 좋은 방법이다. 전시나 게시를 할 때 그 작품에 대한 설명을 유아들이 이해하기 쉽게 제시한다. 그리고 실물이 아닌 사진이나 화보 또는 모형물일 경우 되도록 원래 작품과 가장 가깝게 표현된 것으로 마련해 준다.

동양화의 경우 작품 이름이 어려운 한자말로 되어 있어 유아들이 작품을 감상하는데 어려움이 있다. 이런 경우에 한자말을 쉽게 한글로 풀어서 제시하면 유아들이 이해하기가 훨씬 쉽게 되고 동양화에 대한 거리감이 줄어들 것이다.

8) 토론

작품을 보고 그 작품에서 나타난 것과 느낌에 관하여 유아들이 토론해 보는 방법은 유아들의 작품 감상능력을 길러 주며 언어적인 표현과 긍정적인 사회적 태도 형성에도 도움이 된다. 토론은 주제가 단순하며 시간은 융통성 있게 조절한다.

작품에 대한 새로운 이름을 붙여 보거나 작품이 갖고 있는 특성에 따라 작품이 나온 지역의 자연환경과 그 지역 문화에 대한 것을 알아보는 것도 좋은 토론 주제가 될 수 있다.

9) 시범

유아들에게 교사가 작품을 만들기 위해 필요한 기술이나 방법을 행위로 보여 유아들이 작품을 만들 수 있도록 하는 것이다. 이 방법은 어린 유아나 처음으로 소개되는 재료나 도구를 다루어야 할 때 또는 정해진 방법으로 해야 만 작품이 완성될 때 유리한 방법이다.

종이접기는 접어서 완성된 작품이 나오기 위해 순서와 방법이 정해져 있다. 이런 활동은 교사가 유아들에게 시범을 보여 유아들이 즐겁게 활동할 수 있게 한다.

10) 비효과적인 수업방법

유아들이 자유롭게 스스로 원해서 즐겁게 하며 하고 난 다음 성취감과 기쁨을 느끼는 것이 좋은 활동방법이다. 그러나 작품을 똑같이 기계적으로 제작하게 하는 방법은 유아들에게 지루함을 주며 성취감도 갖지 못하게 한다. 정해진 색으로 정해진 모양에 칠하는 것과 같은 활동은 유아들에게 힘만 들게 하며 강제로 칠하게 할 경우 그리기에 대한 흥미마저 빼앗아 버려 오히려 미술발달에 대한 어려움만 느끼게 해 준다.

교사의 무성의하게 제시하는 형식적인 미술활동도 유아에게 유익을 준다고 보기 어렵다. 유아의 흥미와 관심과 발달을 고려하지 않고 형식적으로 활동을 계획하여 제시할 때 유아들에게 미술활동을 통해 얻을 수 있는 창의성, 심미감, 관찰력, 성취감 등의 더 많은 발달을 얻을 수 없게 한다.

3. 활동계획 및 운영

유아교육기관에서 미술활동은 프로그램에 따라 차이가 있지만 일반적으로 자유선택 활동 시간을 이용해서 주제와 상관없이 유아들이 자유롭게 미술활동을 하거나 주제와 계획에 따라 활동 시간을 정해 놓고 한다. 프로젝트 접근법 같이 적극적인 아동중심 프로그램은 유아들이 언제든지 자신의 흥미와 요구에 따라 활동을 할 수 있도록 한다. 활동 인원도 유아들의 흥미와 요구를 존중하며 주제나 재료의 특성에 따라 융통성 있게 운영한다. 개별활동을 할 수도 있고 소집단, 대집단으로 활동을 할 수도 있다. 때로는 함께 집단을 이루어 활동을 하다가 개인이나 더 작은 집단으로 나누어 활동에 몰입할 수도 있다. 교사는 유아의 활동 흐름을 방해하지 않도록 주의한다.

특별히 유아교육기관에서 유아들의 미술활동에서 예술적 개념을 강조하여 구조화된 활동을 제시할 수도 있다. 유아들이 자연과 주변의 사물을 탐색하는 활동, 표현하는 활동, 감상하는 활동을 교사가 교육적인 의도를 가지고 교재 · 교구를 준비하여 제시할 수 있다.

다음에 제시된 교육활동은 만 3-5세 유아를 대상으로 하여 환경, 자연, 동식물, 세계 여러 나라 주제와 관련된 미술활동과 그 활동계획서이다.

■ 활동명 : 얼음나라에 찾아 온 색깔 친구들

얼음나라에 찾아온 색깔 친구들			
생활주제	세계 여러 나라 (색과 모양)	활동유형	미술
활동목표	1. 얼음의 성질을 알 수 있다. 2. 색 얼음으로 그림을 그리면서 창의성을 기를 수 있다.		
활동자료 및 제작방법	* 천연색소로 얼음 만들기 1. 여러 가지 색깔의 천연색소를 물에 섞는다. 2. 여러 가지 모양의 틀(얼음 틀)에 색소와 섞은 물을 넣는다. 3. 냉동실에 얼린다. * 활동 천 1. 손수건 크기로 천을 자른다. 2. 재봉틀로 테두리를 마무리한다. * 활동 그림 1. 전지 위에 그림을 그린다. 2. 반발성을 나타내기 위해 부분마다 크레파스로 색칠한다. * 위생장갑, 유아 앞치마, 비닐, 신문지, 아세테이트지, 스펀지, 물티슈		

<table>
<tr>
<td>활동방법</td>
<td>
도입
1. 여러 가지 식용색소의 색을 확인한다.
물에 식용색소를 섞어 물의 색깔이 어떻게 나타났는지 확인한다.

전개
1. 물과 식용색소를 섞은 후, 유아들과 어떻게 되었는지 확인한다.
2. 흰색 천에 색 얼음을 넣고 구겨서 어떤 모양이 나오는지 확인해 본다.
① 그림을 그리기 전에 주의사항에 대해 알려 준다.
② 흰 천에 얼음으로 그림을 그려 본다.
③ 흰 천에 얼음을 넣고 누르면 어떤 모양이 나올 것 같은지 유아들과 상상해 본다.
개별활동으로 흰 천에 유아들이 원하는 색깔 얼음을 넣고 자유롭게 구겨서 다양한 모양이 나오도록 표현해 본다.
④ 색 얼음을 넣은 흰 천을 구기면서 어떤 소리가 나는지 확인하고, 손에서 어떤 느낌이 나는지 확인한다.
⑤ 유아들과 흰 천 그림을 확인한다.
3. 비닐 위에 색깔 얼음을 문질러 본다.
① 비닐 위에 얼음을 문지르면 어떻게 될 것 같은지 유아들과 상상해 본다.
개별활동으로 비닐에 유아들이 원하는 색깔 얼음으로 그림을 그리거나 문지른다.
② 비닐 위에 색 얼음을 문지른 후, 어떻게 변했는지 확인한다.
③ 색 얼음을 흰 천과 비닐에 문질렀을 때, 각각 어떻게 나타났는지 비교해 본다.
4. 전지 그림에 색 얼음 막대로 색칠을 한다.
① 전지에 어떤 그림이 그려져 있는지 확인한다.
② 반발성의 특성을 설명해 준다.
③ 유아들에게 활동 방법과 주의사항을 알려 준다.
④ 소그룹활동 - 4명의 유아가 그림을 자유롭게 색칠한다.
⑤ 색 얼음으로 색칠한 그림이 마르기 전과 마른 후에 어떻게 달라졌는지 확인한다.

마무리
1. 전체 활동을 마무리한다.
2. 활동을 한 느낌을 이야기한다.
</td>
</tr>
</table>

유의점	* 색 얼음이 유아들의 옷에 묻지 않도록 비닐 앞치마를 준비한다. * 활동 후, 물티슈를 이용해 손을 깨끗이 닦도록 지도한다. * 유아는 피부가 약하기 때문에 동상에 걸릴 위험이 있으므로, 위생 장갑을 끼고 활동한다. * 얼음이 녹기 때문에 책상 위에 아세테이트지를 깔고 그 위에 신문지를 깐다.

■ 활동명 : 알록달록 색깔나라

알록달록 색깔나라			
생활주제	환경과 생활 (날씨와 우리의 생활)	활동유형	조작, 도서
활동목표	1. 여러 가지 색의 다양함을 안다. 2. 여러 가지 색을 구별할 수 있다. 3. 색깔 이름을 알 수 있다. 4. 색깔과 실생활과의 관계를 알 수 있다.		
활동자료 및 제작방법	* 색깔 그림책 1. 색의 내용에 관하여 이야기를 만든다. 2. 다양한 색지를 이용하여 책자를 만든다. 3. 책 속에 내용을 붙인다. 4. 시트지를 붙인다. * '나의 옷을 입혀 주세요.' 교구 1. 여러 가지 상황의 그림을 색지로 만든다. 2. 그림에 맞는 그림을 색지에 맞게 오린다. 3. 그림의 배경을 붙이고 상황에 맞는 그림을 배치하여 붙인다. * 색깔과일 따기 & 색깔가방 만들기 1. 부직포로 나무를 만든다. 2. 참외, 수박, 감, 포도, 사과를 펠트지에 그림을 그려 자른 후, 바느질을 한다. 3. 4가지 색의 목욕타월로 가방을 만든다.		
활동방법	**도입** 1. 여러 가지 색을 알아본다. 유아들이 입고 있는 옷의 색깔을 이야기해 본다. **전개** 1. 색깔에 대해 알아본다. 색깔책을 보며 유아들과 색깔에 대해 알아본다. (삼원색, 명도대비, 채도대비, 유채색, 무채색, ……) 2. '나의 옷을 입혀 주세요.' 교구를 통해 상황에 맞는 옷을 붙여 보는 활동을 한다. 사람을 각 배경에 붙여 본 후, 상황에 맞는 색깔 옷을 찾아 붙여 본다. -여름옷, 겨울옷 (차가운 색, 따뜻한 색)		

	-어두운 길에서 눈에 잘 띄는 옷 (형광색, 밝은색) -술래잡기할 때 눈에 잘 띄지 않는 색 (유사색) 3. 색깔과일 따기 나무에 붙여진 과일들을 같은 색의 타월가방에 넣으며, 색을 구별하는 활동을 한다. 마무리 1. 어떤 활동을 했는지 이야기한다. 2. 다양한 색의 옷을 입혀 주면서 무엇을 느꼈는지 이야기한다.
유의점	* 색깔책의 글자를 읽기 어려워하는 유아가 있으므로, 교사가 책을 읽어 준다.

■ 활동명 : 달콤한 설탕이야기

달콤한 설탕이야기			
생활주제	동물과 식물	활동유형	미술
활동목표	1. 설탕의 특성을 알 수 있다. 2. 설탕으로 다양한 색을 표현할 수 있다. 3. 설탕을 이용하여 다양한 만들기를 할 수 있다. 4. 미술활동을 통해 창의성을 기를 수 있고, 새로운 재료를 탐색할 수 있다.		
활동자료 및 제작방법	* 슈가크래프트 만들기 1. 슈가파우더를 채에 쳐서 내린다. 2. 물에 불린 젤라틴을 중탕에 넣어 녹인다. 3. 슈가파우더에 젤라틴에 물엿, 계란흰자를 넣고 반죽한다. 4. 반죽을 한 후, 냉장고에 넣고 24시간 숙성시킨다. 5. 식용색소를 넣어 다양한 색의 반죽을 만든다. 6. 반죽을 이용하여 다양하게 모양을 만든다. * 슈가크래프트 활동순서도판 1. 활동사진을 찍는다. 2. 활동 순서 맞게 우드락 위에 붙이고 시트지를 붙인다. * 설탕색 모래 & 색모래 팔찌 1. 파스텔을 갈아서 가루로 만든다. 2. 다양한 색의 파스텔 가루와 설탕을 섞으면 설탕색 모래가 된다. 3. 설탕색 모래를 투명한 호스에 넣고, 수수깡으로 막은 뒤, 투명테이프로 감싸 주면 팔찌가 완성된다. * 달고나, 식용색소, 여러 가지 그릇, 과자		
활동방법	도입 1. 설탕의 성질을 알아본다. ① 설탕을 만져 보며 느낌을 확인한다. ② 설탕을 맛보며 어떤 맛인지 확인한다. 2. 여러 가지 설탕색 모래를 알아본다. ① 설탕색 모래를 어떻게 만들었는지 설명해 준다. ② 설탕색 모래를 이용하여 만든 색모래 팔찌를 보여 준다.		

	전개 1. 설탕공예 시범을 보인다. 설탕공예 활동순서도와 시범을 유아들에게 보여주면서 설명한다. 2. 반죽을 보여 준다. ① 반죽을 만져 보게 하며, 느낌이 어떤지 확인한다. ② 어떤 반죽일지 유아들이 생각해 볼 수 있도록 한다. ③ 반죽을 식용색소와 섞었을 때, 어떤 색이 나오는지 확인한다. 3. 미리 만들어 놓은 작품을 유아들에게 보여 준다. * 참고: 작품은 꽃이나 동물 얼굴 모양을 만든다. **마무리** 1. 설탕공예를 감상한 느낌을 이야기해 본다.
유의점	* 손을 깨끗이 한 후, 활동에 임하게 한다.

■ 활동명 : 종이나라 동물원

종이나라 동물원			
생활주제	동식물과 자연	활동유형	미술
활동목표	1. 종이를 이용한 다양한 기법을 유아들이 알 수 있다. 2. 종이의 입체구성 방법에 대해 알 수 있다. 3. 입체구성의 특성을 살려 사물과 연결해서 종이구성을 할 수 있다. 4. 입체종이 구성 체험을 통해 눈과 손의 협응력을 기를 수 있다. 5. 다양한 기법들을 사용하여 창의성을 기를 수 있다.		
활동자료 및 제작방법	* 병풍(종이 입체구성 샘플) 1. 폼 보드를 가로 23cm, 세로 30.5cm로 자른다. 2. 자른 폼 보드에 한지를 앞뒤로 싼다. 3. 한지를 싼 폼 보드 위에 1cm의 간격을 두고 기법명을 붙인다. 4. 기법명에 약 0.5cm의 간격을 두고 0.4cm의 띠를 붙인다. 5. 띠에 약 0.5cm의 간격을 두고 가로 19cm, 세로 20cm로 자른 한지를 붙인다. 6. 한지 위에 종이 입체구성 샘플을 붙인다. 7. 6의 모서리에 마스킹 테이프로 마무리한다.		
활동방법	* 동물원에서 볼 수 있는 동물과 사람을 만든다. 1. 사람 : 종이접기(옷접기 순서도를 보고 접는다.) 2. 기린 : 아코디언 접기(네모 모양을 지그재그로 접는다.) 3. 양 : 구기기(종이를 구긴다.) 4. 사자 : 한번 잘라 오목접기(밑면을 세로로 살짝 잘라 두 면을 겹쳐 오목하게 접는다.) 종이엮기(길게 자른 종이를 일정한 순서로 엮는다.) 5. 얼룩말 : 종이 조각(종이에 밑그림을 그리고 칼로 파낸다.) 6. 팬더 : 종이말기(종이를 잘라 돌돌 만다.) 7. 꼬리 : 종이엮기(길게 자른 종이를 일정한 순서로 엮는다.) 8. 해 : 오려서 올리기(종이를 잘라서 말아 올린다.) 9. 풀 : 종이죽(종이를 잘게 찢은 후 불려서 믹서기에 갈아서 물감을 섞는다.) 10. 삐에로 : 스프링접기(길게 자른 종이를 X자로 겹쳐 놓고 접는다.) 11. 나무 : 종이감기(종이의 테두리만 감는다.) 찢기(종이를 찢는다.) 12. 기타 : 오리기 (종이를 가위로 오린다.) 13. 코끼리 : 아코디언접기(네모 모양을 지그재그로 접는다.)		

	14. 구름 : 구기기(종이를 구긴다.) 찢기(종이를 원하는 모양대로 찢는다.) * 오리기, 아코디언접기 등의 기법을 이용하여 미술활동을 정리하여 제시한다.
유의점	* 제시된 입체구성 방법 외에도 다양한 입체구성 방법이 있다는 것을 유아가 알 수 있도록 지도한다. * 동물 외에 다양한 종류에도 입체구성을 응용시킬 수 있다는 것을 유아가 알 수 있도록 지도한다.
교육적 효과	* 이 활동으로 얻을 수 있는 효과로는 입체종이 구성 체험을 통해 눈과 손의 협응력을 기를 수 있으며 다양한 기법들을 사용하여 창의성을 기를 수 있습니다.

■ 활동명 : 아리송송 빛은 요술쟁이

<table>
<tr><th colspan="4">아리송송 빛은 요술쟁이</th></tr>
<tr><td>생활주제</td><td>환경과 생활</td><td>활동유형</td><td>이야기나누기</td></tr>
<tr><td>활동목표</td><td colspan="3">1. 그림 속의 빛의 방향을 알 수 있다.
2. 빛의 방향에 따라 보여지는 사물의 느낌을 경험한다.
3. 여러 가지 색깔 조명을 이용하여 다양한 느낌을 느낄 수 있다.</td></tr>
<tr><td>활동자료 및
제작방법</td><td colspan="3">* 상자
1. 하드보드지를 이용하여 상자를 만든다.
2. 상자 앞면은 안이 보이도록 자른다.
3. 상자의 뒷면은 뚜껑처럼 열고 닫을 수 있게 제작한다.
4. 상자의 윗면에 그림을 꽂을 수 있게 네모난 구멍을 뚫는다.
5. 상자의 옆 부분에 동그랗게 구멍을 뚫는다.
6. 하드보드지를 알맞은 크기로 잘라 구멍에 맞추어 붙인다.
7. 한지로 깔끔하게 감싼다.

* 감상그림
1. 그림은 17.5×25cm로 인쇄한다.
2. 그림 선택은 그림에 빛이 들어 있지 않은 그림으로 한다.

* 사물
사물은 높이가 있거나 굴곡이 있는 사물을 준비한다.

* 색카드
1. 셀로판지를 코팅하여 6×9cm로 자른다.
2. 모서리는 날카로우므로 둥글게 잘라 준다.</td></tr>
<tr><td>활동방법</td><td colspan="3">1. 그림이나 사물을 꺼낸다.
2. 꺼낸 그림을 만들어진 상자 위쪽의 그림 끼우는 틀에 끼운다.
꺼낸 사물을 상자 안에 넣는다.
3. 상자의 옆의 동그란 구멍에 손전등을 켜서 넣는다.
4. 빛의 방향에 따라 달라지는 사물 및 그림을 감상한다.
5. 다른 색의 색 카드도 끼워서 색상의 차이로 어떤 차이가 있는지 감상을 한다.</td></tr>
</table>

유의점	* 다양하게 빛의 색과 방향을 바꾸어 볼 수 있도록 한다. * 손전등을 다른 용도로 사용하지 않도록 한다. * 손전등을 사람의 얼굴을 향하여 사용하지 않도록 한다.

■ 활동명 : 같은 조각을 찾아라

같은 조각을 찾아라.			
생활주제	동 · 식물과 자연	활동유형	조작
활동목표	1. 다양한 그림을 감상한다. 2. 동 · 식물에 관한 그림을 봄으로 자연에 관심을 갖는다. 3. 관찰력을 기를 수 있다. 4. 심미감을 기를 수 있다.		
활동자료 및 제작방법	* 그림 상자 1. 하드보드지를 이용하여 가로 35cm, 세로 45cm의 상자 틀을 만든다. 2. EVA를 가로 5.5cm, 세로 5.5cm로 자른다. 3. 자른 EVA에 OHP필름으로 그림이 들어 갈 포켓을 만든다. 4. 포켓이 만들어진 EVA 2개를 앞, 뒤 맞대어 가운데 빨대를 넣고 붙인다. 5. 철사에 EVA를 5개씩 끼워 돌아가게 한다. 6. EVA를 5개씩 끼운 철사를 상자 안에 넣어 가로로 고정시킨다. 7. 준비된 상자 틀을 네모 형태로 세워지게 제작하고 아래 포켓을 만든다. 8. 세워진 상자를 한지로 감싼 뒤, 마감제를 칠한다. * 서랍장 1. 그림 상자 옆에 하드보드지로 서랍장을 만든다. 2. 하드보드지로 만든 서랍장을 한지로 감싼 후 마감제를 칠한다. 3. 서랍장 양 옆에 손잡이를 달아 준다. 4. 완성된 서랍을 상자 아래 끼워 넣는다. * 동 · 식물과 자연 그림 1. 그림을 인쇄한 뒤 가로 5.5cm, 세로 5.5cm로 잘라서 조각낸다. 2. 앞에 포켓에는 그림을 넣고, 뒤에 포켓에는 정답과 오답을 표시한다. * 그림 조각 1. 그림을 인쇄하여 가로 5.5cm, 세로 5.5cm로 조각내어 자른다. 2. 조각 낸 그림을 코팅하여 문제 제시가 될 수 있도록 한다. 3. 상자 아래 포켓에 끼워서 문제 제시를 한다. 4. 완성된 조각들을 모아서 서랍장에 넣어 보관한다.		
활동방법	1. 그림을 감상하며 유아와 이야기를 나눈다. 2. 아래 제시된 그림 조각을 보고 그림 속에 어느 부분인지 찾아본다. 3. 그림 조각 뒷면이 그림 뒷면에 똑같은 색과 모양이 나오면 정답이다.		

	4. 그림에 한 부분을 유아가 직접 그림 그려서 바꿔 본다. 5. 자신이 그린 그림을 넣어 보고 감상한다.
유의점	* 유아들이 그림을 그려 볼 수 있는 종이를 충분히 준비해 둔다. * 다양한 그림을 바꿔서 해 보도록 미리 그림을 준비하여 둔다.

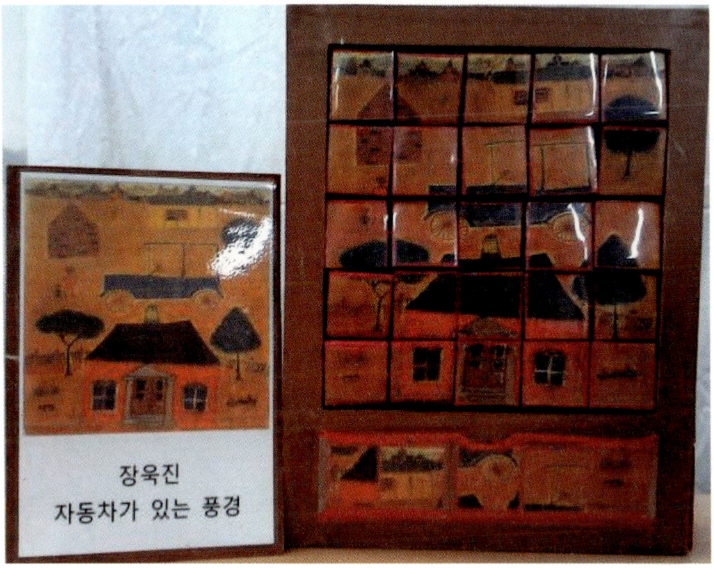

■ 활동명 : 세계 여러 나라 문양

세계 여러 나라 문양			
생활주제	다문화	활동유형	게임
활동목표	1. 세계 여러 나라의 문양을 감상해 볼 수 있다. 2. 여러 가지 문양들로 옷을 꾸며 볼 수 있다. 3. 게임규칙을 지킬 수 있다.		
활동자료 및 제작방법	* 문양 감상책 1. 옷 프린트물을 색지의 양면에 크기가 알맞게 붙인다. 2. 두꺼운 도화지를 정사각형 모양으로 적당히 자른다. 3. 자른 두꺼운 도화지를 예쁜 천으로 감싼다. 4. 색지를 부채 모양으로 접는다. * 문양 꾸미기판 1. 한복을 프린트해서 오린 뒤 코팅한다. 2. 함석판을 알맞은 크기로 잘라 1에 맞춰 붙여 준다. * 문양 1. 각 나라의 문양을 프린트하여 문양을 코팅한다. 2. 1을 고무자석에 붙인 후 오린다. * 게임판 1. 하드보드지에 한지를 양면으로 붙여 준다. 2. 한지가 붙은 하드보드지를 상자 모양으로 잘라 준다. 3. 6대륙을 대륙마다 색깔을 다르게 잘라 붙여 준다. 4. 게임판 모서리 부분에 포켓을 달아 문장을 보관할 수 있게 한다. 5. 대륙의 이름을 붙여 준다. * 주사위 1. 하드보드지를 규격에 맞춰 자른다. 2. 게임판에 사용했던 대륙마다 색지를 주사위에 붙여 준다. 3. 마스킹테이프로 마감한다.		
활동방법	1. 문양 감상책을 보고 세계 여러 나라의 옷과 물건들을 보고 문양을 감상하여 본다. 2. 세계 여러 나라에는 다양한 문양이 있다는 것을 보여준 후에 유아가 자신이 하고 싶은 판을 고른다.		

3. 게임판을 펴고 주사위를 굴린다.
4. 주사위에 나온 색의 대륙에 문양을 가져가서 붙인다.
5. 자신이 만든 옷을 감상하여 보고 제자리에 정돈한다.

■ 활동명 : 지도의 변신

지도의 변신			
생활주제	우리나라	활동유형	이야기나누기
활동목표	1. 그림으로 표현하는 여러 가지 방법을 알 수 있다. 2. 그림을 그리는 방법에 따라 느낌이 다르다는 것을 알 수 있다. 3. 우리나라의 과거와 현재 지도에 관심을 가질 수 있다.		
활동자료 및 제작방법	* 병풍 1. 하드보드지를 A4 크기로 10개를 자른다. 2. A4 크기의 하드보드지에 모서리 부분마다 자석을 함석판을 잘라서 붙인다. 3. 함석판을 붙인 하드보드지에 빨간색과 파란색 한지로 5개씩 감싼다. 4. 한지 마감제로 한지를 감싼 하드보드지를 마감한다. 5. 같은 색의 하드보드지를 마스킹테이프로 연결한다. * 사진 자료 1. 컴퓨터를 이용하여 사진을 찾아 여백 5mm씩 하여 출력한다. 2. 출력된 용지를 여백이 보이지 않게 잘라 코팅을 한다. 3. 코팅된 것을 여분을 두고 잘라 준다. 4. 고무자석을 일정한 크기로 잘라 양면테이프로 붙여 준다. * 활동지 1. 지도를 포토샵을 이용하여 테두리만 보이게 한다. 2. 한글문서에 지도의 테두리를 불러와 활동지를 만든다.		
활동방법	1. 같은 곳을 나타내고 있지만 감상을 하며 다른 곳을 찾아본다. 2. 다른 점에 대해 이야기를 나눈다. 3. 활동지로 나만의 우리나라 지도와 인천 지도를 꾸며 본다.		
유의점	* 여러 가지 방법으로 표현된 지도가 있다는 것을 알려 준다.		

■ 활동명 : 모습이 바뀌었어요

모습이 바뀌었어요			
생활주제	다문화	활동유형	조작
활동목표	1. 다양한 그림을 감상한다. 2. 색과, 모습에 따라 변화되는 그림을 보고, 다양한 느낌을 경험한다. 3. 창의성을 기를 수 있다.		
활동자료 및 제작방법	* 그림 감상판 1. 포토샵을 이용하여 그림의 모습을 변화시킨다. 예) 뽀로로, 짱구, 캐로로 등 2. 그림과 명화를 프린터한다. 3. 우드락을 색지로 감싼다. 4. 그림을 붙이고, 제목을 붙인다. 5. 투명시트지로 감싼 후, 뒷부분에 삼각막대를 부착시킨다. * 조작 놀이판 1. 우드락 위에 함석판을 붙인 후, 색지로 감싼다. 2. 캐릭터를 프린터한 뒤, 우드락판 위에 붙인다. 3. 캐릭터의 명칭 (예) 짱구, 뽀로로……)의 글씨를 붙인 후, 투명시트지로 감싼다. 4. 캐릭터의 부분, 부분을 프린터한 뒤, 고무 자석에 붙인다. 5. 캐릭터의 부분 부분을 고무자석에 부착시킨 후, 활동판에 붙인다. 예) 리본, 눈썹, 모자 …… * 활동지 1. '모습이 달라졌어요' 활동지 주제를 정한 뒤, 4×4의 표를 만들어 그림을 넣는다. 2. 색의 변화, 모습의 변화, 색과 모습의 변화로 활동지를 제작한다.		
활동방법	1. 명화를 감상하며 이야기를 나눈다. (앤디워홀 - 마릴린먼로 / 모나리자의 모습의 변화) 2. 뽀로로의 색과 모습의 변화를 감상하며 이야기를 나눈다. 3. '모습이 바뀌었어요' 조작 활동판을 이용하여 활동하여 본다. 4. '모습이 바뀌었어요' 활동지를 통하여, 직접 색연필을 이용하여, 색과 모습의 변화의 활동을 하여 본다.		
유의점	* 고무자석의 캐릭터 부분이 없어지지 않도록 유의한다. * 고무자석을 유아의 입 속에 넣지 않도록 유의한다.		

■ 활동명 : 요술거울

요술 거울			
생활주제	우리나라	활동유형	과학
활동목표	1. 다양한 형태의 모습을 보며 자신을 생각과 느낌을 표현할 수 있다. 2. 다양한 거울에 비추어지는 사물의 모습을 안다. 3. 추리력이 잘 길러진다.		
제작방법	* 거울 병풍 1. 종이거울을 고정시킬 수 있도록 하드보드지로 네모난 상자 모양의 병풍을 만들어 준다. (※ 거울을 붙인 상자의 바깥면에, 색지를 붙이고, 거울을 조그맣게 오린 원을 붙여 꾸민다.) 2. 종이거울을 4가지 방향으로 구부린 후 1에서 만든 네모난 틀에 붙여 준다. 3. 1에서 만든 상자 크기에 맞추어 2cm 높이의 뚜껑 2개를 만들어 준다. 4. 3에서 만든 뚜껑을 대각선 방향으로 1에서 만든 병풍을 고정시킬 수 있도록 1cm 홈을 만들어 준다. 5. 작품을 가릴 수 있는 상자를 만들어 준다.		
활동방법	1. 두 명의 유아가 활동에 참여한다. 2. 상자의 뚜껑을 열고 상자를 펼친다. 3. 한 명의 유아가 자신만 조각품을 확인하고, 조각품을 조그만 상자 안에 넣는다(이 때, 다른 유아에게 조각품에 대한 힌트를 준다). 4. 다른 한 유아는 상자를 거울에 비추어 보고 조각품 카드 중에 알맞은 조각품 사진을 고른다. 5. 서로 역할을 바꾸어 본다.		
유의점	* 조각품을 거울을 보는 활동을 하기 전에, 충분히 거울을 탐색해 볼 수 있도록 한다. * 거울을 훼손시키지 않도록 유아에게 주의할 점을 이야기해 준다.		

■ 활동명 : 까만 밤 스케치북

까만 밤 스케치북			
생활주제	환경과 생활	활동유형	미술
활동목표	1. 빛의 성질을 안다. 2. 야광지 특성을 알 수 있다. 3. 플래시로 야광지에 그림을 그릴 수 있다. 4. 창의성을 기를 수 있다.		
활동자료 및 제작방법	* 그리기 공간 1. 야광지를 벽에 붙인다. 2. 암막으로 공간을 만든다.		
활동방법	1. 유아들에게 빛으로 무엇을 할 수 있는지 이야기해 본다. 2. 빛으로 그림을 그릴 수 있는지 이야기 나눈다. (보통 종이에 그리면 그림이 그려지는지 실험해 보기) 3. 암막 안에 들어가면 플래시 빛으로 그림을 그릴 수 있다고 알려 준다. 4. 암막 안으로 들어가 유아들이 종이에 빛으로 그림을 그려 본다. 5. 종이에 그려진 모습을 보며 교사는 종이 특성을 설명한다. 6. 활동 평가를 한다.		
유의점	* 플래시를 얼굴에 비추지 않는다.		

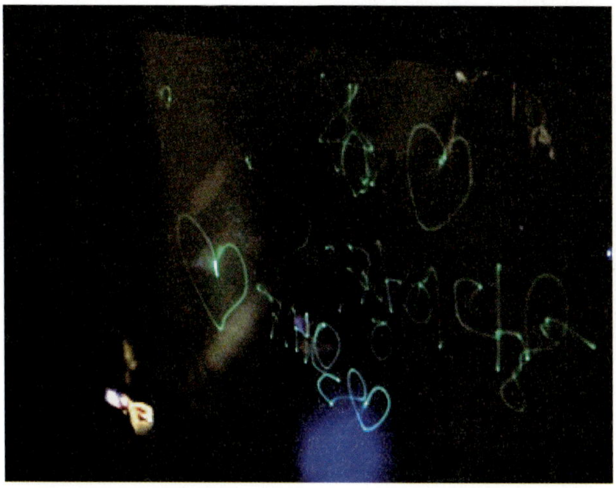

■ 활동명 : 명화 속으로

명화 속으로			
생활주제	환경과 생활	활동유형	체험
활동목표	1. 명화를 감상할 수 있다. 2. 명화 속의 그림과 실생활의 실물을 연결시킬 수 있다. 3. 관찰력을 기를 수 있다.		
활동자료 및 제작방법	1. 명화를 크게 인쇄한다. 2. 인쇄한 명화의 실물을 넣을 부분을 파낸다. 3. 뒷면에 우드락을 덧댄 후 실물만큼 파낸다. 4. 파낸 부분에 실물에 맞게 넣는다. 5. 우드락을 이용해서 액자틀을 만든다. 6. 미술관처럼 전시한다.		
활동방법	1. 유아들이 명화를 감상하면서 그림 안의 실물을 찾아본다. 2. 그 실물을 유아들이 직접 탐색하면서 실물의 특성을 알아본다. 3. 유아 생활 주변에서 그 실물을 찾아본다. 4. 활동에 대한 평가를 한다.		
유의점	* 다른 사람을 위해 실물을 조심히 다루도록 지도한다.		

■ 활동명 : 모여라 포스트잇

모여라 포스트잇			
생활주제	색/모양/숫자	활동유형	미술
활동목표	1. 그림을 표현하는 방식의 다양함을 알 수 있다. 2. 포스트잇의 특성과 장점을 알 수 있다. (수정, 재사용, 면 채우기가 용이함) 3. 색의 다양함을 알 수 있다.		
활동자료 및 제작방법	* 그림판 1. 그림을 확대 인쇄한다. 2. 인쇄한 그림 뒤에 우드락을 덧댄다. 3. 그림 전체를 아스테이트지로 감싼다. 4. 아스테이트지 위에 그림과 같은 색깔의 포스트잇을 붙여 포스트잇 그림을 완성한다. * 포스트잇판 1. 우드락에 색깔별로 포스트잇을 붙여 놓는다.		
활동방법	1. 그림을 그릴 때 어떤 재료로 꾸밀 수 있는지 이야기한다. 2. 포스트잇과 일반종이를 탐색하게 한다. 3. 포스트잇으로 만든 그림을 보여주고 원래 그림과 비교해 본다. 4.포스트잇으로 그림 그리는 방법에 대해 이야기한다. 5. 유아들이 직접 포스트잇으로 이용해 그림을 완성한다.		
유의점	* 색의 변화가 적고 공간이 너무 작지 않게 표현된 그림을 선택한다.		

■ 활동명 : 내 손을 잡아보세요

내 손을 잡아보세요			
생활주제	환경과 생활	활동유형	미술
활동목표	1. 생활 속에 있는 미술 재료의 다양함을 안다. 2. 재료의 특성을 알 수 있다. 3. 촉감이 발달할 수 있다.		
활동자료 및 제작방법	1. 상자에 10개씩 첫째 줄과 둘째 줄에 구멍을 뚫는다. 2. 검은색 융으로 구멍을 제외한 곳을 감싼다. 3. 흰색 장갑에 재료를 하나씩 넣고 구멍을 막는다. 4. 상자 윗부분에 10개의 반구에 재료를 한 가지씩 넣는다. * 손장갑 1. 다양한 촉감 장갑을 솜에 넣는다.		
활동방법	1. 유아들이 자연스럽게 튀어나온 손과 악수를 한다. 2. 첫 번째부터 열 번째까지의 재료를 유아들이 맞추어 본다. 3. 마지막으로 정답의 재료를 보여 준다. 4. 활동에 대한 평가를 한다.		
확장활동 및 유의점	* 콜라주 활동을 한다. * 손장갑을 억지로 잡아당기지 않는다.		

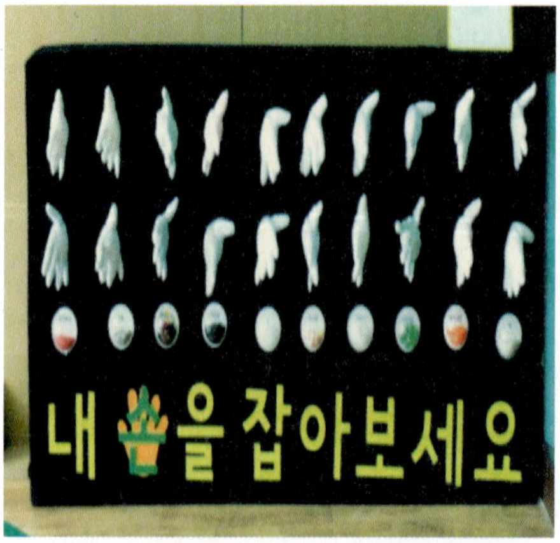

제3장 과제

만 5세를 대상으로 입체미술 활동을 다음의 활동계획안 양식에 따라 작성해 보시오.

활동명 :			
생활주제		활동유형	
활동목표			
활동자료 및 제작방법			
활동방법			
확장활동 및 유의점			

제 4 장

유아 미술활동 교육환경

1. 미술활동 환경구성
2. 미술활동 재료
3. 미술활동 도구

1. 미술활동 환경구성

유아교육기관에서 교실 내에서 미술활동으로 정하는 곳을 미술영역이라 한다. 보통 물을 사용하기 편한 곳에 약간 소음이 발생해도 다른 활동에 지장을 주지 않는 곳에 배치한다. 물감이나 점토 등의 물을 필요로 하는 활동을 위해 물을 편리하게 얻을 수 있는 곳에 위치하는 것이 좋다. 미술영역은 유아들이 서로 방해를 받지 않으며 서서 또는 앉아서 활동을 할 수 있도록 마련한다. 이젤을 세워두거나 탁자에 비닐을 깔아 주어 유아들이 편하게 사용할 수 있게 한다.

기관의 실내 공간이 넓다면 교실 외에도 별도의 장소에 미술활동만을 위한 교실을 마련해 줄 수 있다. 물감놀이를 위해서 한쪽 벽을 아크릴로 하고 바닥에 물이 내려갈 수 있는 홈을 파서 물감놀이가 끝나면 물로 세척할 수 있게 한 곳도 있다. 실외에도 미술활동이 가능하도록 공간을 마련해 준다. 이젤을 세워 주고 탁자를 마련해 준다. 그늘진 곳에서 활동을 할 수 있도록 나무 밑이나 정자에 마련해 준다.

유아교육기관 미술활동 영역

미술영역에서 유아들은 여러 가지 다양한 자료를 이용하여 그리기, 칠하기, 문지르기 등 평면 작업뿐만 아니라 자르고 붙이고 만드는 입체미술 작업을 한다. 유아들은 이런 미술활동 작업을 통해 재료의 특성을 이해하며 느끼며 탐색하면서 자신의 느낌과 생각을 표현하는 창의적인 활동을 한다. 미술 작업이 활발하게 이루어질 수 있도록 다양한 재료와 필요한 도구를 준비해 주어서 유아들이 자신의 흥미, 발달 수준, 작업속도에 따라 즐기며 활동에 참여할 수 있는 환경을 마련해 준다.

2. 미술활동 재료

1) 재료의 수집 방법

유아의 미술활동에 사용될 수 있는 재료는 유아들의 주변에서 위험하지 않는 거의 모든 것이 다 해당된다. 다양한 재료들을 다양한 방법으로 활용할 때 유아들의 창의성과 미적 감각이 더욱 발달될 수 있다. 재료 중에는 경제적으로 비용이 많이 드는 것이 있지만 유아들의 미술활동에 필요하다면 제공해 줄 수 있어야 한다.

여러 가지 재활용품은 비용면에서 아주 경제적이면서도 다양한 미술활동을 할 수 있는 훌륭한 재료이다. 이탈리아의 레지오에밀리아 지역에서는 시와 시에 위치한 공장들이 협력하여 공장에서 나오는 재활용할 수 있는 자원들을 모아 그 시에 소재한 유치원을 비롯한 모든 학교에서 교육활동에 필요한 재료를 가져다 사용할 수 있도록 하고 있다.

유치원이나 어린이집에서 이미 학부모의 협력을 얻어 미술활동에 필요한 재활용품을 수집하여 사용하고 있다. 앞으로 지역사회로 수집 범위를 더 넓히고 협력기관을 넓혀서 더 다양한 재료를 유아들에게 제공할 수 있도록 노력할 필요가 있다.

2) 재료의 종류

유아는 미술활동을 할 때에 재료의 특성에 따른 흥미가 유발되면 더 능동적으로 활동에 임하는 경향이 있다. 따라서 교사가 미술활동 재료에 대한 이해를 하는 것은 매우 중요하다.

미술활동에 쓰이는 재료는 그 한계를 둘 수 없을 정도로 매우 다양하다. 우리의 일상생활 속에 존재하는 거의 모든 것이 미술활동의 재료가 될 수 있다. 자연 속에서 채집된 풀, 나뭇가지, 모래 등이나 다 먹고 버리는 깡통, 야구르트병 등을 들 수 있다.

이렇게 생활 속에서 찾아볼 수 있는 재료들 외에도 미술활동을 위해 따로 제작된 재료들이 실제 교육현장에서는 많이 쓰인다. 많이 사용되는 재료를 그 특성에 따라 다양하게 분류할 수 있다.

겉으로 나타나는 모양의 특성에 따라 면재, 선재, 분재, 입체재 등으로 나눌 수 있고, 천연소재인지 인공소재인지에 따라서도 자연물, 인공물로 나눌 수 있다.

임현숙(2002)은 재료의 종류를 첫째, 재료의 형상에 따른 종류(분말, 싸래기, 점 모양의 것, 선 모양의 것, 면 모양의 것, 덩어리 모양의 것) 둘째, 재료의 용도에 따른 분류(칠하는 재료, 접착제, 동여매는 것, 연마제) 셋째, 재료의 기능에 따른 분류(당겨지는 것, 압축, 늘이는 재료, 탄력제, 투명성 재료) 넷째, 미술활동에 따른 종류(판다, 뭉친다, 꼰다, 깎는다, 자른다, 쌓는다, 늘어 놓는다, 휜다, 두드린다, 펜다, 늘어뜨린다, 붙인다, 접는다, 그 외-조립한다, 구성한다, 긁는다, 찢는다, 움직인다 등) 다섯째, 착색재료와 용구(수채화 물감, 포스터 컬러, 수성페인트, 유성페인트, 니스, 래커, 파스텔, 에나멜, 유성페인트의 희석제(휘발유, 희석액), 파라핀, 린시드, 래커의 희석제(신나), 접시, 빈 통, 헝겊 유화 물감, 스텐실 물감, 식용색소, 마블링 물감, 염색 물감, 붓, 롤러, 색연필, 매직펜 등) 여섯째, 폐품, 산업폐기물 일곱째, 그 밖의 재료와 용구(앞치마, 비닐앞치마, 망치, 라디오펜치, 니퍼(핀셋), 펀치 등)로 자세히 분류하였다.

일반적으로 유아교육 현장에서 주로 사용하는 재료의 명칭과 사용하는 방법에 따라 재료를 분류하였다.

(1) 종이류

① 습자지

얇으며 결대로 찢어지며 색습자지는 락스로 탈색된다. 기름이나 물 등과 같은 액체가 닿으면 다른 종이들보다 흡수력이 좋다. 습자지의 앞면과 뒷면의 촉감이 다른데 앞면은 매끄럽고 뒷면은 앞면보다 거칠다.

② 주름지

종이의 감촉이 까끌까끌하며 주름져 있고 잡아당기면 늘어난다. 잡아당기는 방향이 정해져 있다. 펴진 종이는 원래대로 수축이 되지 않는다. 주름의 모양도 약해진다. 찢을 때 도화지보다 약간 질기며 찢기는 방향이 있다. 물에 젖으면 색이 빠진다.

③ 골판지

골판지는 두껍고 골이 져 있고 일정한 틈새가 있고 촉감이 울룩불룩하다.

④ 셀로판지

투명하게 비치며 얇다. 색셀로판지를 겹치면 다른 색으로 된다. 셀로판지도 색종이와 같이 가위로 오려 평면 미술활동을 할 때 붙이는 등의 용도로 쓰인다. 또한 투명한 색깔용지이므로 서로 겹쳐 색의 섞임을 탐구하거나, 눈 가까이에 대고 주변을 볼 때 그 색깔만의 세상을 체험해 볼 수 있다는 점에서 아동의 흥미를 유발하며 색채학습에 큰 도움을 준다.

⑤ 한지

한지의 한쪽 면은 매끈거리고 다른 면은 약간 거칠다. 여러 가지 색의 색한지와 한지 만들 때 속에 마른 나뭇잎 등을 넣어 아름다움을 더한 특별한 한지도 있다. 한지는 손으로 잘 찢어지지 않으므로 붓에 물을 묻혀 종이에 찢고 싶은 모양대로 선을 그리면 젖은 선이 잘 찢어진다.

⑥ 도화지

안면은 매끄럽고 광택이 난다. 그리고 다른 면은 회색이며 약간 거칠다. 원래 사용하는 앞면은 매끈거리는 면이다. 종이의 두께에 따라 두꺼운 도화지에서부터 얇은 도화지까지 종이의 용도에 따라 선택해서 쓸 수 있다.

⑦ 색상지

색깔이 다양하며 보통 도화지 두께의 종이다.

⑧ 하드보드지

두껍고 단단하며 잘 찢어지지 않는다. 가위로 오리기 힘들어 보통 칼을 이용해 자른다. 곡선으로 자르기가 어렵다.

⑨ 색종이

색종이는 잘 찢어지고 접히기 때문에 찢기, 자르기, 접기 등의 미술작업에 사용된다. 평면 미술활동 시 가위로 색종이를 오려 붙이기도 하고, 평면인 색종이를 접어 3차원 입체미술물을 만들기도 한다. 특히 색종이를 접어 입체미술물을 만드는 특성은 유아의 미술활동에 매우 흥미로운 특성이며 2차원과 3차원의 구분과 지각에 도움을 준다.

⑩ 시트지

투명한 것과 색이 있는 것이 있다. 앞면은 매끈하며 뒷면은 접착풀이 붙어 있다. 종이나 함석판에 잘 붙는다. 한 번 붙으면 떼어 내기 어렵다. 잘 접히는데 접힌 면은 접힌 자국이 남으므로 보관할 때는 둥글게 말아서 보관한다. 물에 젖지 않는다. 보통 겉면을 보호하여 오래 사용하려고 할 때 사용한다.

⑪ 머메이드지

색상지보다 두꺼우며 한 면만 조금 거친 무늬가 있다.

⑫ 호일

반짝이며 쉽게 구겨진다. 구겨지면 자국이 남는다. 수성매직으로 그리면 번진다. 조금만 힘을 주어도 잘 찢어진다. 자를 때에 접어서 자국을 낸 다음 접은 선대로 자르면 잘 잘라진다.

⑬ 파인애플지

앞면은 파인애플 무늬로 되어 있고 미끌거리고 뒷면은 종이 느낌이다. 앞면은 코팅되어 있고 뒷면은 안 되어 있다.

이 밖에 특수하게 개발된 종이로 종이에 구멍이 뚫려 있는 타공지, 어둠 속에서 빛을 받으면 빛의 흔적이 남는 야광지, 30도 이상의 열이 닿으면 초록색이 노란색으로 변하는 시온지 등이 있다.

(2) 점토류

① 고무점토

다양한 색이 있고 굳지 않아 여러 번 사용이 가능하다. 낮은 기온에서 딱딱해진다. 많이 만지면 손에 색이 묻어날 수 있다.

② 지점토

종이 성분으로 된 것으로 물에 쉽게 풀어진다. 굳으면 단단해지고 물감이 잘 착색된다.

③ 밀가루 점토

밀가루에 물을 넣어 반죽한 것으로 유아교육 현장에서 많이 사용하는 점토이다. 밀가루에 식용색소나 야채 또는 채소즙을 넣어 색깔 밀가루 점토를 만들 수 있고 반죽할 때 식용유를 넣으면 감촉이 더 좋아진다. 유아들이 흥미있게 즐기며 활동할 수 있는 점토이다.

④ 찰흙

입체 미술활동에 많이 쓰이는 재료이다. 그 촉감이 흥미롭고 쉽게 사용할 수 있으며 소근육 발달에 좋은 재료로 유아들이 흥미를 가지고 작품 활동을 할 수 있다. 이 재료 역시 유아들이 말랑말랑하고 시원한 촉감을 좋아하여 흥미롭게 재료탐색을 할 때 충분히 활동할 수 있도록 지도하는 것이 좋다.

⑤ 톱밥 점토

톱밥을 가는 체에 걸러 내리고 도배풀이나 밀가루풀을 섞는다. 여기에 흰 아교를 조금 넣어 주면 점성이 강해진다. 바람이 통하는 데서 말리며 건조하는데 시간이 걸린다. 색깔이 연갈색이며 자연 소재라 유아들에게 좋다.

(3) 옷감재료

① 부직포

여러 가지 색이 있으며 촉감이 뻣뻣하고 거칠다. 가위나 칼로 자를 수 있다.

연필이나 펜으로 그릴 수 있다. 본드나 까슬이로 접착할 수 있다. 바느질을 할 수 있다.

② 펠트지

여러 가지 색이 있고 부직포보다 가볍고 부드럽다. 가위나 칼로 자를 수 있다. 연필이나 펜으로 그릴 수 있다. 마찰이 많으면 보풀이 일어난다. 부직포처럼 본드나 까슬이로 접착할 수 있다. 바느질을 할 수 있다. 펠트지의 경우 뒷면에 접착제가 붙여 나오는 접착펠트지도 있다.

③ 헝겊

헝겊은 그 종류가 매우 다양하다. 융이나 모직 천처럼 폭신하고 두꺼운 것도 있고 나일론처럼 얇고 매끄러운 것도 있다 가위나 칼로 자를 수 있다. 연필이나 펜으로 그릴 수 있다. 본드나 까슬이로 접착할 수 있다. 바느질을 할 수 있다.

④ 비닐

가벼우며 투명한 것과 불투명한 것이 있다. 질겨서 손으로 잘 찢어지지 않는다. 두께가 다양하다.

(4) 재활용 자료

① 우유팩

단단한 종이로 되어 있고 안팎이 모두 코팅되어 있다.

② 페트병

플라스틱으로 되어 있고 단단하여 칼이나 가위로 자를 때 주의하여야 한다. 본드나 테이프로 접착될 수 있다.

③ 깡통

알루미늄이나 철로 되어 있다. 테두리가 날카롭지 않은지 유아들에게 제공하기 전에 반드시 점검해 보아야 한다.

④ 상자

크고 작은 여러 가지 상자는 유아들이 건물, 로봇, 자동차 등을 만드는데 유용하다.

⑤ 포장지

포장지는 색종이나 다른 종이와 달리 여러 가지 도안이 되어 있고 화려한 색상들도 있어 유아들이 창의적으로 다양하게 사용하는데 좋다.

⑥ 플라스틱 포장지

여러 가지 모양과 크기의 플라스틱 포장용기는 그 모양과 크기에 따라 다양하게 사용할 수 있어 좋다.

⑦ 달걀판

달걀판은 종이로 된 것과 플라스틱으로 된 것이 있다. 종이로 된 것은 불투명하며 흰색과 회색이 있으며 플라스틱으로 된 것은 투명하고 희거나 붉은색으로 되어 있다. 사용하기에 위험하지 않으나 부분적으로 잘라서 사용할 경우에는 교사가 도와주어야 한다.

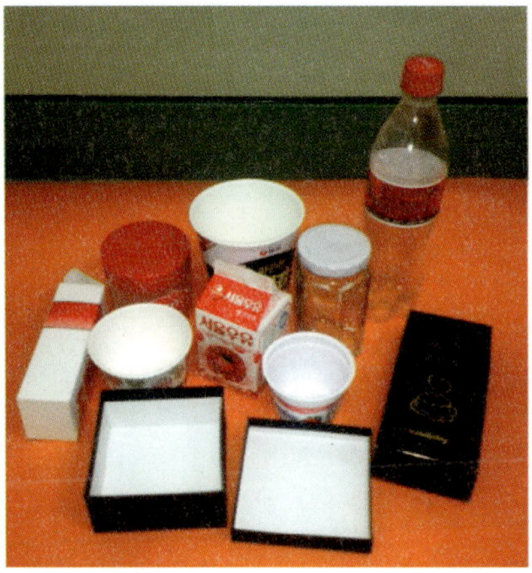

(5) 채색재료 종류

채색재료는 색을 칠하고 바르는데 사용하는 재료로 자연에서 나온 천연재료와 인공으로 만들어진 재료가 있고 물에 녹는 것과 물에 녹지 않는 것 또는 기름과 혼합하여 사용하는 것이 있다. 액체로 된 것과 단단한 고체로 된 것이 있다.

① 크레파스

색연필에 비해 색이 진하고 사용하기 쉽다. 이 재료는 오래 보관하여 사용 가능하고 쉽게 사용할 수 있어서 아동미술교육에 가장 많이 쓰이는 재료이다. 유아가 미술활동할 때 크레파스만을 이용하여 작품활동을 하기도 하고 수채화 물감 등의 재료와 함께 사용하기도 한다. 이 재료는 선을 표현하기 쉬워 밑그림 등의 형태를 그려내는데 용이하다. 또한 이러한 선들을 겹쳐 칠하여 면적인 표현도 유도하여 유아의 소근육 발달과 끈기, 섬세함을 기르는데 좋다. 그러나 집중력이 짧거나 손의 소근육 발달이 느린 유아의 경우에는 이 재료의 사용에 쉽게 싫증을 내고, 이 재료만을 고집하여 미술활동을 이끌어 갈 경우 미술활동에 대한 부정적 태도를 유도할 수 있다.

이와 비슷한 재료에는 색연필이 있다. 색연필은 번지지 않고 부드러운 표현이 가능하여 크레파스보다 섬세한 표현을 유도하는 재료이다. 그래서 형태를 명확하고 정돈되게 그리고자 하는 유아들이 선호하는 재료이다. 색연필만을 가지고 작품을 진행하기도 하고 사인펜 등과 함께 사용하기도 한다.

② 수채화 물감

수채화 물감은 액체 상태이며 물을 용액으로 사용하므로 유화나 아크릴에 비해 공중에 오래 노출될 경우 손상이 잘 된다. 수채화 물감은 공기 중에 오래 두면 수분이 증발되어 굳게 된다. 굳은 후에도 사용 가능하고 쉽게 사용할 수 있어서 유아의 미술활동에 많이 사용되는 재료이다. 수채화 물감은 크레파스와는 다르게 색의 섞임을 볼 수 있어서 이 재료를 처음 접한 유아는 큰 흥미를 가질 수 있다. 색을 섞을 때 비율과 물의 농도, 붓의 사용법에 따라 다양한 효과를 낼 수 있어서, 유아가 처음 이 재료를 접하여 흥미를 가지고 탐색할 때에 충분히 재료의 특성을 탐색하고 실험해 볼 수 있도록 하는 것이 좋다. 수채화 물감은 유아가 쉽게 칠할 수 있으며 한번에 큰 면적을 칠할 수 있다.

③ 파스텔

파스텔의 색채는 매우 화려하고 부드러워서 매우 포근하고 매력적인 느낌을 준다. 파스텔은 다루기도 쉬우며 그 효과가 종이 위에 그리는 그 순간 즉시 나타나지만 내구성이 약하다. 이 재료는 문질러 사용하였을 때에 번짐과 색의 섞임 등의 표현을 할 수 있어서 유아들이 또한 흥미를 가지는 재료이다. 물감과 같이 면적을 색칠할 때 용이하며 문지를 때에 촉감, 소리 등이 재미있어서 재료 탐색 활동을 충분히 해 주는 것이 좋다. 파스텔은 막대형과 연필형이 있는데 막대형은 가루가 피부에 흡착되어 몸에 좋지 않으므로 자주 사용하지 않는 것이 좋으며 연필로 된 것이 있으므로 필요에 따라 사용한다.

④ 매직

펜대 속에 펠트 등의 심을 넣어 매직 잉크가 심 끝으로 스며 나오지 않게 하여 사용한다. 색이 진하고 특유의 냄새가 난다. 유성매직과 수성매직이 있다. 유성매직은 물에 번지지 않는다. 사용한 후 두껑을 닫지 않으면 휘발성이 있어 곧 마른다. 플라스틱, 나무, 종이, OHP 등 다양한 곳에 다 칠할 수 있다.

⑤ 불어펜

매직보다 색이 연하고 가늘다. 물에 닿으면 번진다.

⑥ 네임펜

촉의 느낌이 거칠다. 물에는 안번지지만 물티슈에는 번진다.

⑦ 아크릴 물감

수용성이고 사용이 간편하며 매우 빨리 말라 수채화 물감보다 빠르다. 그러나 한번 마르고 나면 완전 고착되어 수정하기가 어렵다. 접착력이 대단히 강하여 캔버스 외에 종이, 천, 나무판, 가죽, 아스테이트지, 석고, 벽면 등 어느 정도 흡수성이 있는 면이면 다 칠할 수 있다. 아크릴 물감으로 칠할 때 사용하는 붓은 어떤 붓이든 사용할 수 있는데 칠한 붓이 마르면 물에 씻어지지 않기 때문에 그림을 그리는 동안 붓을 계속 물에 담가 두면서 사용해야 한다. 유화에 사용했던 붓은 사용하지 않는 것이 좋다(전영탁 외 1, 1996).

⑧ 아크릴 과슈

아크릴 과슈는 불투명하고 광택이 없고 얼룩없이 고르게 칠해지며 붓질이 부드럽다. 사용효과는 포스터 컬러같지만 건조 후에는 겹쳐 칠해도 밑의 색이 묻어나지 않아 몇 번이고 칠할 수 있고 물기에 의해 얼룩이지지 않기 때문에 작품을 보호하기가 좋다. 종이, 합성지, 플라스틱, 유리 등에도 그려진다(전영탁 외 1, 1996).

⑨ 먹물

먹물은 먹(墨)을 물과 함께 벼루에 갈아 만든다. 먹을 갈 때는 40도 정도의 각도로 눕혀 벼루 위에서 힘을 주지 않고 서서히 갈아야 한다. 물은 화학약품이 첨가되지 않은 증류수 같은 것을 사용하는 것이 좋다. 검은색이며 종이에 잘 번진다. 주로 붓글씨 쓸 때나 동양화를 그릴 때 사용한다. 옷감에 묻으면 빨아도 잘 지워지지 않는다.

⑩ 유화물감

유화물감은 공기에 접촉하면 굳어지는 식물성 기름에 물감의 연료를 섞어 만든 것이다. 유화물감의 기름은 증발에 의해 마르는 것이 아니라 산화에 의해 천천히 굳어지는 것이다. 기름은 산화할 때 화학반응으로 결합해 가기 때문에 매우 견고한 막이 형성되기 때문에 몇 세기 전의 작품이 현재까지 보존되어 있는 것을 볼 수 있다(전영탁 외 1, 1996).

⑪ 포스터 물감

포스터(poster)라는 말은 포스트(post, 기둥)에 붙였다는 뜻에서 비롯되었다. 프랑스의 화가 뜰루즈 로트렉은 1898년 석판화 포스터를 발표한 이래 짧은 일생 동안 30여 점의 포스터 걸작을 남겼다. 이 후 산업사회가 발전됨에 따라 포스터, 신문광고, 상품 포장 등 상업 디자인이 막강한 영향력을 갖게 되면서 포스터 물감도 급진적으로 발전되었다(전영탁 외 1, 1996).

⑫ 크레용

글라스데코는 액체상태에서 바르면 고체로 굳어진다. 말랐을 때 색이 진해진다. 유리나 OHP용지와 같이 매끈한 면에 칠하면 효과가 높다.

⑬ 색모래

색모래는 색깔이 있는 모래로 색모래로 칠할 때는 접착제를 사용한다. 칠한 겉면의 감촉이 까끌까끌하다.

⑭ 마커

마커는 그림 그리기, 글씨 쓰기, 테두리 칠하기 등 사용 범위가 매우 넓다.

마커는 시험지, 화선지 등 거의 모든 종이에 사용할 수 있다. 마커의 굵기가 다양하고 사용하기에 간편하다.

(6) 접착재료 종류

① 본드

본드는 투명색과 노란색이 있다. 접착력은 노란 본드보다 투명색의 본드가 더 강하다. 냄새가 나고 독성이 있다. 유아들이 사용할 때 미리 사용법에 대해 안내하고 본드가 손이나 몸에 특히 눈에 들어가지 않도록 주의를 주어야 한다.

② 목공용 풀

하얀 액체로 마르면 투명해진다. 마르는데 시간이 걸린다.

③ 순간접착제

마르는 시간이 빠르고 무엇이든 잘 붙으나 손에 묻으면 뜨겁고 떼기 어려우므로 조심해야 하며, 독성이 있다. 유아들이 사용하지 않도록 한다.

④ 종이테이프

잘 찢어지며 교재 · 교구를 제작할 때 마무리 사용에 많이 사용한다.

⑤ 알루미늄 접착테이프

호일과 같은 느낌이 들며 쉽게 찢어진다.

⑥ 양면테이프

양면테이프는 양쪽에 접착제가 붙어 있으며 한번 붙으면 깨끗하게 잘 떼어지지 않는다.

⑦ 스카치테이프

투명한 것, 반투명한 것이 있으며, 한쪽면만 접착력이 있다.

⑧ 전기테이프

전기테이프는 전선을 말 때 사용하는 테이프이지만 종이나 함석판, 시트지 등에도 잘 붙어서 테두리 마감할 때 많이 사용한다.

⑨ 딱풀

희고 불투명하며 용기의 아래 부분을 돌려서 사용한다. 주로 종이류를 붙이는데 사용한다.

⑩ 물풀

투명하고 액체로 되어 있고 용기의 중간을 눌러 사용한다.

⑪ 도배풀, 밀가루풀

한지나 창호지를 붙일 때 딱풀보다 도배풀이나 밀가루풀을 사용한다.

⑫ 보슬이, 까슬이

보슬이와 까슬이 모두 다른 쪽 면에 접착제가 붙어 있다. 보슬이와 까슬이를 서로 맞닿게 하면 붙는다. 까슬이는 펠트 천에 잘 붙는다.

⑬ 글루건

어느 것이나 잘 붙어서 많이 사용된다. 고체 상태의 글루건 심을 글루건에 넣어 뜨겁게 녹아 나온 액체로 붙여야 하기 때문에 액체가 뜨거우므로 화상을 입지 않도록 주의해야 한다.

⑭ 반짝이풀

바르면 반짝거린다. 그러나 마르면 잘 떨어진다.

⑮ 스프레풀

스프레이처럼 분사되는 풀로 넓은 면적을 고르게 붙일 때 사용하면 좋다.

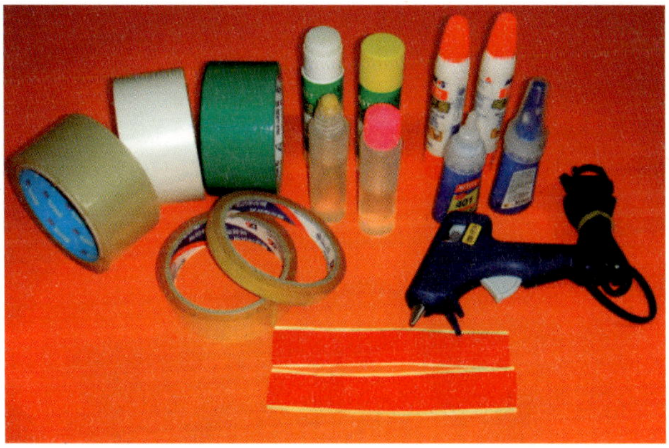

(7) 자연물

① 곡식류

쌀, 콩, 조, 수수 등 고식은 크고 작은 알갱이며 모양이 둥근 것, 타원형 등이며 딱딱한 것도 있고 덜 딱딱한 것도 있다. 곡식은 유아들에게 해가 없고 감촉이 곡식 종류에 따라 다르다.

② 흙, 모래

흙은 땅에서 나며 모래는 강이나 바다에서 나는 것으로 부담이 없으니 어린 유아들이 사용할 때는 교사의 감독이 필요하다. 흙과 모래 모두 물을 넣고 섞어 모양을 만들 수 있다.

③ 나뭇잎, 나뭇가지, 꽃

나무에서 나는 것으로 자연의 느낌, 색깔, 냄새를 통해 아름다움을 느낄 수 있고 만들기를 할 수 있다. 미술작업 재료로 사영할 때 되도록 땅에 떨어진 것을 사용하여 유아들에게 생명의 소중함도 함께 교육한다.

④ 야채, 과일

여러 가지 야채와 과일은 색, 모양, 맛, 냄새, 촉감이 다 다르다.

조개껍질, 솔방울, 나뭇가지, 돌, 흙, 꽃잎, 나뭇잎 등 자연에서 얻을 수 있는 재료들이 많이 있다.

(8) 기타

① 모루

가는 철사를 털이 있는 섬유로 감싼 것으로 잘 구부러지며 모양을 낼 수 있고 가위나 칼로 자를 수 있다.

② 수수깡

스티로폼 재질로 만든 것으로 약해서 잘 부러지며 칼이나 가위로 자를 수 있다. 가위로 자를 경우도 눌려서 모양이 찌그러진다. 자를 때 수수깡을 굴리며 자르면 납작하게 눌리지 않고 자를 수 있다. 붙일 때는 테이프나 스티로폼 본드를 사용한다.

③ 지끈

한지를 꼬아서 만든 것으로 단단하고 힘이 있다.

④ 스팽클

여러 가지 모양의 스팽클이 있으며 코팅된 재질로 물에 녹지 않는다. 가볍고 본드나 글루건으로 천에 붙일 수 있다.

⑤ EVA

두께가 얇은 것과 두꺼운 것이 있다. 말랑말랑해서 구겨도 원래대로 돌아온다. 두껍고 딱딱한 스펀지 같은 느낌이다. 칼이나 가위로 자를 수 있다.

⑥ 솜

면솜, 화학솜이 있으며 물을 잘 빨아들인다.

⑦ 스펀지

가볍고 칼과 가위로 자를 수 있다. 한꺼번에 많은 양의 물을 흡수하고 짜면 물을 배출한다. 스펀지에 물감을 묻혀 두두리거나 문지르기로 많은 면적을 빠른 시간에 채울 수 있다.

⑧ 리본끈

다양한 무늬, 폭, 재질의 리본끈이 있다.

⑨ 스티로폼

두께가 다르며 크기가 다르다. 아크릴 물감으로 색을 입힐 수 있다. 불에 약하다. 스티로폼을 컷터기로 자를 수 있다.

⑩ 눈알

다양한 크기가 있으며 본드, 순간접착제, 글루건으로 다른 곳에 붙일 수 있다.

⑪ 석고붕대

붕대에 석고가루가 골고루 묻혀 있다. 물에 묻히면 부드러워지나 물이 마르면 딱딱하게 굳어진다.

⑫ 고무자석

철 성분으로 만들어진 물건 종류가 붙는다. 마음대로 휘고 쉽게 자를 수 있다.

⑬ OHP필름

투명하며 미끄러우며 가볍고 얇다. 가위나 칼로 자를 수 있다.

3. 미술활동 도구

① 가위

종이, 천 등을 자를 때 사용하는 도구로써 지레의 원리를 이용한 것이다. 자를 때 자른 면이 산같이 뾰족뾰족한 모양이 나오는 핑킹가위도 있다.

② 칼

종이, 스펀지, 비닐, 수수깡 등을 자를 때 사용하는 도구로써 주의해서 사용한다.

③ 펀치

모양펀치는 종이나 펠트 등을 모양을 내어 자르는 도구로 자르는 날의 모양에 따라 다르게 잘린다. 구멍을 뚫는 펀치, 아이렛 펀치도 있다.

④ 붓

수채화 물감, 포스터 컬러, 아크릴 물감을 칠할 때 사용하는 서양화 붓이 있고 동양화 물감이나 먹물을 칠할 때 사용하는 동양화 붓이 있다. 서양화 붓은 물감의 종류에 따라 다르게 사용하기도 하지만 유아교육 현장에서는 굳이 구별하여 사용하지 않아도 된다. 다만 아크릴 물감을 사용할 때는 공기 중에 노출하면 잘 씻어지지 않기 때문에 물 속에 넣어서 사용하고 사용이 끝난 후 곧 깨끗이 세척해 두는 것이 붓의 털이 상하지 않아 오래 사용할 수 있다. 동양화 붓은 붓의 힘이 없어 유아들이 사용하기에 어려우므로 붓펜을 사용하는 것도 좋다.

⑤ 팔레트

물감을 짜서 물에 풀어 색을 연하게 할 때 사용한다. 오목하거나 칸이 있어 물감들이 섞이지 않게 만들어져 있다. 합성수지나 금속으로 된 제품이 많고 그 크기와 형태가 다양하다.

⑥ 물통

물감에 물을 섞거나 붓을 담거나 빨아 사용하기 위한 물을 넣는 통으로 합성수지나 비닐 등 다양하다. 보통 접을 수 있게 하여서 사용하기 편하게 되어 있다.

⑦ 이젤

종이를 올려놓고 그림을 그리는 받침대이다.

⑧ 컴퓨터

컴퓨터를 이용하여 그림과 색칠을 할 수 있다. 이런 활동을 위해 소프트 프로그램이 있어야 한다.

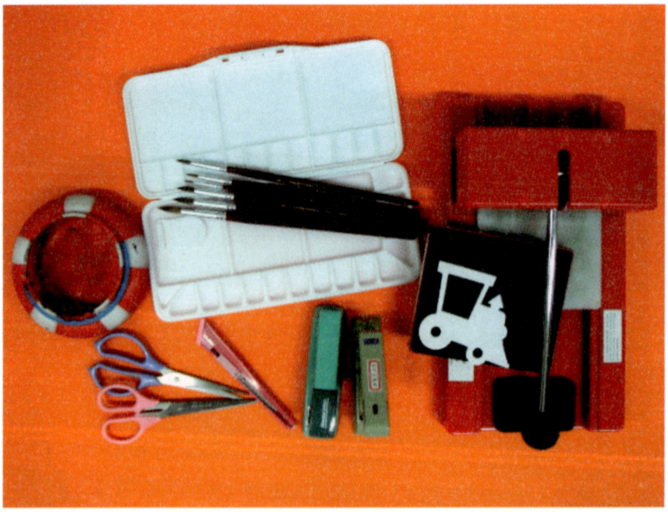

제4장 과제

1. 그룹으로 유아교육기관의 미술활동 영역에 줄 수 있는 재료들을 조사하고 그 재료들의 특성을 적으시오.

2. 야광지나 시온스티커처럼 많이 사용하지 않지만 유아들에게 유익한 새로운 재료들을 찾아보시오.

예) 시온스티커를 이용한 은행나무 잎의 변화
  * 시온스티커는 섭씨 30도가 넘으면(사람의 체온) 녹색이 노란색으로 변한다.

제 5 장

교사의 역할

1. 교사의 역할 변화
2. 미술활동 지도에서의 교사 역할

1. 교사의 역할 변화

일반적인 유아교사는 유아들의 전인적 발달을 돕기 위해 적절한 환경 제공자, 체계적인 관찰자, 그리고 개입자 및 문제해결자의 역할을 담당한다. 교사 역할의 중요성에 대해서는 시대적으로 조금씩 다르게 변화해 왔다.

1) 정신분석학 이론

정신분석학적 이론에 의하면, 교사의 역할은 놀이를 위한 공간을 제공하고 유아의 정서적 문제에 대한 원인과 해결과정인 놀이를 관찰하고 분석하는 것이다. 즉, 교사는 유아의 놀이에 간섭하거나 개입하기보다는 소극적으로 지도해야 함이 강조되었다. 교사의 지나친 개입은 유아의 놀이를 방해한다고 여겨졌다. 따라서 교사의 역할로 유아가 놀이를 할 수 있도록 환경을 제공하고 유아가 하는 놀이를 관찰하는 것이 강조되었다.

2) 인지이론

피아제와 비고츠키 등의 인지이론이 유아교육에 영향을 주면서 놀이와 유아의 인지발달, 사회성 발달, 언어발달과의 관계가 많은 연구에 의해 밝혀졌다. 놀이가 유아의 사회적 · 지적 발달에 커다란 영향을 끼친다는 것이 많은 연구에서 밝혀졌고, 교사의 적극적인 개입이 강조되었다. 특히 스밀란스키(1968)의 연구에서 교사가 유아의 사회 극놀이를 훈련한 결과 유아의 사회 극놀이의 양과 질 증진에 매우 효과적이며 유아의 인지 능력을 향상시킨다는 결과가 나타났다. 이 연구 결과는 유아의 놀이에 대한 교사의 적극적인 개입 효과에 많은 관심을 불러일으켰다. 이후 많은 놀이훈련 연구들이 밝힌 긍정적 효과는 유아 놀이발달에서 교사의 역할이 중요함을 점점 부각시키고 있다.

2. 미술활동 지도에서의 교사 역할

유아의 미술활동을 촉진하고 확장하기 위한 교사의 역할에 대해 살펴보고자 한다.

1) 환경 제공자로서의 교사

유아의 욕구와 흥미를 자극하는 바람직한 환경의 제공은 유아 활동에 큰 영향을 준다. 교사는 교실의 미술활동을 배치하고 다양한 재료를 주어 유아가 자신의 활동을 계획하고 자율적으로 선택하고 경험할 수 있도록 환경을 제공해야 한다. 환경의 구성에는 시간, 공간, 교재 · 교구, 사전준비 경험을 들 수 있다(Ward, 1999; Johnson, et al., 1999).

교사가 유아에게 미술활동을 충분히 할 수 있는 시간을 제공한다. 유아마다 개인적인 차이가 있겠지만 보통 15-20분 정도가 바람직하다. 물론 유아가 활동을 할 때의 흥미의 정도와 상황에 따라 차이가 있으므로 융통성 있게 활동 시간을 운영한다.

미술활동 영역 공간은 유아가 창의적으로 생각하고 활동할 수 있게 구성하되 재료를 유아가 쉽게 볼 수 있고 사용할 수 있도록 개방적으로 되어 있는 것이 좋다. 개별 활동과 소집단 활동을 할 수 있도록 책상들이 배치되어야 한다.

2) 관찰자인 교사

교사는 유아의 미술활동을 관찰하여 유아의 미술활동이 확장되고 발전할 수 있도록 유아와 활동에 필요한 일이 무엇인지 알아 제공해야 한다. 교사는 다양한 관찰방법을 통해 활동 유형, 많이 사용하는 재료 등을 살필 수 있다.

교사 자신이 계발한 체크리스트를 사용할 수 있다. 미술활동 영역 내 재료 목록표를 만들어 영유아가 사용하는 재료를 관찰할 수 있고, 활동 유형 빈도를 조사하는 양식을 사용하여 선호 영역을 알 수도 있다. 다양한 관찰법을 사용함으로써 교사는 유아의 미술활동을 보다 체계적으로 관찰하고 미술활동에 나타나는 문제점을 객관적으로 파악하여 이를 토대로 지도를 계획할 수 있다.

3) 협력자인 교사

교사는 유아의 미술활동을 위해 학부모, 지역사회 및 지역사회 인사. 동료교사의 협력을 이끌어 낼 수 있어야 한다. 유아들과 지역사회의 박물관이나 전시장을 찾아 견학을 통해 많은 것을 느끼고 표현할 수 있도록 하며, 지역사회의 예술인들이나 단체와의 연계를 이루어 유아들에게 전문가 집단이 갖고 있는 예술적 경험을 소개하여 유아들의 미술 예술에 대한 동기유발과 이해와 능력을 신장시킬 수 있다.

이를 위해 교사는 정보를 수집할 수 있는 능력과 인적 네트워크를 형성하는 노력을 해야 한다.

4) 예술가적인 교사

교사는 유아들의 미술활동을 교육하기 위해 자신이 예술가적인 배경을 갖추도록 평소에 노력해야 한다. 예술 작품들을 관람하고 감상할 수 있는 시간과 경험을 기회 있을 때마다 하는 노력이 필요하다. 이러한 노력은 교사 자신의 창의성,

예술성, 미적 감각, 상상력을 높여 유아의 미술활동을 지도할 때 유아에게 긍정적인 좋은 영향을 줄 수 있다.

유치원교육과정 표현영역에서 제시한 교사의 지도상 유의점을 보면 다음과 같다.

첫째, 유아를 둘러싼 자연이나 주변 환경에서 친근하게 접할 수 있는 대상에서 예술적 요소를 자발적으로 찾아보도록 한다. 소리, 음악, 움직임 및 미술물에 대해 관심을 가지고 찾아보는 경험은 유치원의 일과 중에 자연스럽게 이루어지도록 지도한다.

둘째, 유아가 예술적 활동에 대해 개별적인 생각과 느낌을 표현하는 과정을 즐기도록 자유로운 분위기를 조성한다. 교사는 유아가 소리와 음악, 움직임과 춤, 만들기와 그리기, 극놀이 활동의 자유로운 표현 과정에서 자신의 생각이나 느낌을 좀 더 풍부하게 확장해 나가도록 지도한다. 교사가 미리 정해 놓은 활동을 유아가 그대로 따라하게 하거나, 한 가지 정답이나 모델만을 제시하고 언어적으로 표현하도록 하기, 만들어진 결과물에 대해서만 격려하고 전시하기 등은 유아의 창의적인 표현을 감소시킬 수 있으므로 유의한다.

셋째, 소집단 · 대집단 활동뿐 아니라 자유선택활동에서 예술적 표현활동을 수시로 제공하되 유아가 개별적으로 활동과정에 몰입하도록 적극 지원한다. 유아가 표현활동에 지속적으로 참여함으로써 점차 자신만의 독특한 표현 방식을 시도하고 즐기도록 지도한다.

넷째, 유아가 사전경험이나 흥미에 따라 활동을 스스로 선택하여 자기 나름의 의미를 갖도록 지도한다. 이를 위해 생활 속에서 친근하게 자주 접하는 자연, 음악, 미술작품 등을 자연스럽게 보고, 듣고, 만지는 경험을 통해 아름다움을 느끼고, 표현하며, 이를 즐겨 감상할 수 있도록 배려한다.

다섯째, 교사는 유아의 창의적인 표현을 존중하는 태도를 지닌다. 유아가 창의적이고 개별적으로 표현한 음악, 움직임, 춤, 미술작품, 극놀이에 대해 표정, 몸짓, 언어 등을 이용하여 긍정적으로 지지해 준다.

여섯째, 음악, 춤, 미술, 극놀이 활동 등은 가능한 통합적으로 이루어지도록 한다. 예를 들면 세찬 바람 소리를 그림으로 표현한 후에 이를 움직임이나 춤으로 나타낼 수 있다. 다양한 예술적 요소를 찾아보고 표현하며 감상하는 것은 정해진 순서 없이 한 활동에서 통합적으로 경험되도록 지도한다.

제5장 과제

1. 유아교육기관의 교사와 다음 사항에 대한 인터뷰를 하시오.

   첫째, 유아의 미술활동 계획 시 애로사항

   둘째, 유아들의 미술활동 교육 시 가장 보람이 있었던 일

   셋째, 유아의 미술활동을 교육하기 위해 교사로서 가장 노력하는 점

2. 자신이 유아의 미술활동을 지도하는 교사가 된다면 어떻게 할 것인지 간단히 기술하시오.

제6장

유아 미술활동의 평가

1. 유아에 대한 평가
2. 교사에 대한 평가
3. 프로그램에 대한 평가

유아교육에서 평가의 개념은 교육목표의 달성과 효과를 알아보고 다음 활동을 계획하고 실행할 때 더 효율적인 교육이 되기 위해서 하는 것이다. 유아의 미술활동 평가도 이와 같은 맥락에서 이루어져야 한다. 평가의 대상은 유아, 교사, 프로그램을 들 수 있다.

1. 유아에 대한 평가

유아에 대한 평가는 유아 자신에 대한 평가와 교사가 유아에 대해 평가하는 것으로 나눌 수 있다.

1) 유아 자신에 대한 평가

유아가 자기가 한 미술활동에 대한 평가는 유아가 미술활동을 할 때 어떤 생각으로 했는지, 흥미가 얼마나 있었는지, 원하는 재료를 사용했는지, 자신의 작품에 대해 어느 정도 만족하는지 등에 대한 것이다. 미술활동을 하면서 유아들은 이러한 사항에 대해 언어로 표현하기도 한다.

유아들이 스스로 평가를 할 수 있도록 도움을 주기 위해 평가표를 주어 표시하도록 하거나 말로다 표현하도록 해서 글을 쓸 수 있는 유아는 작품명을 쓰도록 할 수 있다. 같은 유형의 미술활동을 했을 때 만들어진 작품들 중에서 가장 좋다고 생각하는 것을 고르게 할 수 있고 그 이유를 물어 적어 놓아 유아 평가에 자료로 사용할 수 있다.

〈표 6-1〉 유아 자신의 평가표

반 이름				
	평가			비고
	만족	보통	불만족	
생각 	☺	😐	☹	
재료 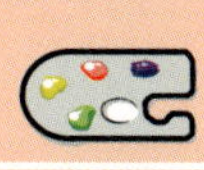	☺	😐	☹	
작품 	☺	😐	☹	
기타				

2) 교사가 하는 유아 평가

(1) 의의

교사가 유아의 미술활동에 대해 평가하는 것은 유아가 경험한 미술활동으로 인해 유아가 받은 영향을 알아보고 유아의 교육과 발달에 도움을 주려고 하는 것이다. 유아가 미술활동을 할 때 어떤 활동을 좋아했으며, 어떤 점을 어려워하고 어떤 자료를 더 많이 사용했는지, 또 다른 유아들 중 누구와 주로 활동을 같이 했는지, 어떤 도구를 사용할 때 힘들어 했는지, 무엇을 주로 표현했는지, 표현하는 사물에 어떤 색깔을 사용했으며 어떤 형태로 표현했는지 등 살펴봄으로써 유아의 발달상의 특성과 개인적 차이 등을 알아보고 도움을 줄 수 있다.

(2) 방법

교사가 유아에 대한 평가를 하는 방법은 여러 가지이다. 관찰을 하는 방법,

면담을 하는 방법, 체크리스트를 이용하는 방법, 포트폴리오를 하는 방법을 들 수 있다.

① 관찰법

유아의 미술활동을 하는 것을 관찰함으로써 평가하는 방법이다. 유아는 행동으로 자신을 표현하는 면이 많기 때문에 교사는 항상 유아에 대한 관심을 갖고 유아가 하는 언어나 행동 표현에 대해 기록을 하여 평가 자료를 얻도록 한다.

② 면담법

교사가 유아의 미술활동을 하기 전에 무엇을 만들고자 하는지를 물을 수 있고, 미술활동을 하고 있는 중에 무엇을 만들고 있는지 물어서 평가 자료를 얻는다. 미술활동이 끝난 후 작품에 대해 물어 보고 만족함이나 작품에 대한 것 등 미술활동한 것에 대해 알 수 있다.

③ 체크리스트

교사는 교사 자신이 간단한 체크리스트를 만들어 사용할 수도 있고 이미 만들어져 있는 체크리스트를 이용할 수 있다.

쉬마커(Schirrmacher, 1993)는 미술교육을 통하여 이루어지는 유아의 발달상황 평가는 다음과 같은 내용을 중심으로 실시될 수 있다고 제안하였다(이영자 외 2, 1998).

〈표 6-2〉 미술교육을 통한 유아의 발달상황 평가

발달영역	미술교육을 통한 유아의 발달상황 평가
신체적 발달	미술도구의 사용을 통하여 다음과 같은 발달상황을 평가할 수 있다 ① 대근육 사용 및 통제 능력 ② 소근육 사용 및 통제 능력 ③ 다음의 미술도구를 적절하게 사용하는 정도 : 가위, 풀, 붓, 크레용, 점토, 수채물감 ④ 미술활동에 집중하고 지속적으로 참여하는 정도 ⑤ 미술활동의 완성

발달영역	미술교육을 통한 유아의 발달상황 평가
사회적 발달	① 혼자서 미술활동을 할 수 있는 능력 ② 책임감 : 미술자료를 가져다 쓰고 제자리에 갖다 놓기, 정리하기, 미술영역에서의 규칙지키기 ③ 다른 유아를 모방하지 않고 자신의 아이디어를 사용하여 활동 진행하기 ④ 미술영역에서 다른 유아와 협력하여 활동하기 ⑤ 다른 유아의 아이디어, 스타일, 작품을 인정하기
정서적 발달	① 미술활동에서 나타난 자신의 실수, 성공적이지 않았던 시도 등을 인정하기 ② 미술에 대한 자신감과 자기 확신 ③ 미술작품을 통해서 느낌, 기분, 성격을 표현하기 ④ 자신의 작품을 즐기고 긍지 갖기 ⑤ 자신에게 감정적으로 중요한 대상을 첨가, 생략, 왜곡 또는 과장하기
인지적 발달	① 미술에 대해 이해하고, 왜 사람들이 과거부터 지금까지 계속해서 미술을 하는지에 대해 이해하기 ② 자신의 작품에 대해서 말하고, 명칭을 붙이기 또는 간단한 문장이나 이야기를 받아 적게 하기 ③ 미적 용어를 알고 사용하기 ④ 다음의 상황이 나타나는 정도 : 타인이 쉽게 인식하기 어려운 매우 개인적인 표상(personal representation), 타인이 인식할 수 있는 공적 표상(public representation) ⑤ 색과 색의 혼합에 대해서 이해하기 ⑥ 형태에 대해서 이해하기 : 원, 정사각형, 삼각형, 직사각형, 선, 비기하학적 형태 ⑦ 자신에게 중요한 사람, 장소, 사물, 경험과 사건에 대한 이해를 반영하기 ⑧ 사람을 그리는 능력
창의성	① 다양한 물체를 사용하여 발견, 실험, 탐색하기 ② 여러 가지 매체, 자료, 폐품 등을 창의적으로 결합하기 ③ 세밀함, 장식성, 정교함을 나타내기 ④ 독창성, 상상력을 반영하기 ⑤ 개인적으로 독특한 미적 진술을 하기
미학적 발달	① 매체를 사용하는 과정을 즐기기, 미술작품(결과물) 만들기를 즐기기 ② 여러 가지 2차원적 미술매체 사용하기 여러 가지 3차원적 미술매체 사용하기 ③ 감각기관을 통한 인지하기 및 민감성 나타내기 : 시각, 촉각, 청각, 후각, 미각

발달영역	미술교육을 통한 유아의 발달상황 평가
	④ 다음의 사항들에 대한 인지 및 민감성 나타내기 : 자신의 주변, 자연, 환경 ⑤ 미적 스타일에서의 공통점과 치이점 찾기 ⑥ 미술가들의 다양한 스타일의 작품 감상하기 ⑦ 미적 요소들을 알기 : 색, 선, 양감, 패턴, 형, 공간, 질감 ⑧ 다음 사항들의 토론과 감상에 미적 요소를 사용하기 : 자연, 자신의 주변, 환경, 자신의 작품, 타인의 작품
개인적 선호도	유아가 즐겨 선택하는 것 세 가지를 골라서 1, 2, 3 순위를 표시하기 2차원 활동 : 선그림, 색그림, 찍기, 찢기, 자르기, 붙이기, 접기, 염색 3차원 활동 : 점토, 입체물 구성, 가면 만들기, 모빌, 바느질, 직조

④ 포트폴리오 평가

교사는 유아의 미술활동 작품을 사진으로 찍고 미술활동 상태를 평가한 것을 체계적으로 모아 클리어파일이나 상자에 개인별로 정리하여 유아 개인적 발달 상태를 연속적으로 평가할 수 있도록 한다.

유아의 포트폴리오 평가를 위해 다음과 같은 자료들이 포함되어야 한다(이현아, 2005).

첫째, 유아가 만든 작품 사진, 사용한 재료와 도구의 사진, 도구 능력 사용에 대한 기록

둘째, 교사가 기록하고 평가한 관찰기록, 작업과정 체크리스트, 일화기록

셋째, 유아가 미술활동 중인 사진이나 비디오 자료나 기록

넷째, 유아가 자신의 작품을 설명했던 말들과 교사의 기록

다섯째, 유아가 공동 작업한 것

여섯째, 자유선택활동 시간에 유아가 계획하여 행한 활동

일곱째, 부모와의 면담을 통한 자료

2. 교사에 대한 평가

유아의 미술활동에 대해 교사의 평가가 필요한 이유는 다음과 같다.

첫째, 평가를 통해 계획했던 활동의 교육적 효과의 정도를 평가한다.

둘째, 다음 번 미술활동을 더 효율적으로 계획하기 위함이다.

셋째, 교사 자신의 미술활동 지도 능력을 기르기 위함이다.

교사는 자신이 계획하고 운영한 미술활동에 대한 자율적 평가를 하여 개선을 할 수 있다. 교사가 계획한 교육적인 측면에서, 환경을 구성하는 측면에서, 유아들과 상호작용하는 측면에서 살펴보고 더 좋은 활동을 제시해 주어야 한다.

〈표 6-3〉 교사 평가

항목	내용	척도
미술활동 교육계획	* 유아의 발달에 적합한 계획인가 * 교육 주제와 연관이 되어 있나 * 지도 방법이 효과적인가 * 적절한 시간 배정인가	
유아와의 상호작용	* 동기유발이 충분히 되었나 * 유아의 표현을 격려했는가 * 유아에게 필요한 조언을 했나 * 유아에게 칭찬을 했나	
환경 구성	* 다양한 재료와 도구를 제공했는가 * 적절한 게시물과 전시물인가 * 시설이나 설비가 활동에 적절했나	
기타	* 교사는 준비한 교육활동을 위해 선 경험이 있는가 * 갑작스런 일로 준비한 교육활동을 하지 못할 때 대신할 활동은 있는가	

3. 프로그램에 대한 평가

미술활동 프로그램에 대한 전반적인 평가는 다른 흥미영역 활동에 대한 평가와 더불어 이루어져야 한다. 기관의 교육철학과 목표 그리고 기관이 위치한 지역적 상황을 고려하여 평가가 이루어져야 할 것이다.

제6장 과제

1. 미술활동을 끝마친 유아에게 〈표 6-1〉로 자신에 대한 평가를 하게 해 보시오. 만족 · 보통 · 불만족을 각각의 얼굴에 동그라미하여 표시하게 한 다음 비교난에 그 유아가 왜 그런 자신에 대한 평가를 했는지 면담하여 내용을 비교난에 적어 보시오.

2. 미술교육을 통한 유아의 신체적 발달영역에 대한 평가를 〈표 6-2〉에 의거하여 3세, 4세, 5세 유아에게 실시한 후 그 결과를 비교해 보시오.

제 2 부

실 제 편

제1장

점토 조형활동

1. 교육적 가치
2. 찰흙 점토활동의 발달단계
3. 점토 종류
4. 점토 조형활동에 필요한 도구와 소품
5. 점토 조형활동 장소
6. 교사의 역할
7. 활동의 실제

점토는 마음대로 어떤 모양이든지 만들 수 있고 다시 만들고 수정하는 일이 가능하기 때문에 조형활동에 매우 유익한 재료이다. 유아들이 쉽게 사용할 수 있는 점토 종류는 찰흙, 밀가루 점토, 전분 점토, 지점토, 고무점토(유점토), 볼클레이(구슬점토), 칼라믹스, 아이클레이 등이 있다. 찰흙, 전분, 밀가루와 같이 자연의 것이 있으며 유아들을 위한 무독성의 많은 다양한 pvc 성분의 점토가 개발되어 판매되고 있다. 유아들을 위한 점토는 독성이 없는 성분이어야 하며 제품에 표시가 되어 있으므로 확인하고 선택한다.

1. 교육적 가치

1) 인지발달 측면

점토 성분에 대한 과학적 사고를 기를 수 있다. 찰흙은 흙에서 나오고, 밀가루나 전분은 식물에서 나오며 pvc 성분의 점토들은 인공으로 만들어진 것을 알 수 있다. 또한 점토를 주무르고 밀고 자르고 하는 활동을 통해 점토의 모양이 달라지는 힘의 역학적 관계도 이해하게 된다. 또 다양한 모양을 만들어 보면서 모양에 대한 변별력도 길러진다. 점토가 시간이 지나면서 색과 굳기가 변하는 것을 통해 화학적 변화도 이해하게 된다.

2) 창의성 발달 측면

점토는 사용방법이 정해져 있지 않는 자료로 유아에게 자신의 생각을 마음껏, 자유롭게 창의적으로 표현할 수 있는 기회를 제공한다. 특별한 기술이나 도구가 없어도 활동이 가능하고 다시 만들 수 있는 것이므로 자신의 생각을 표현하는데 부담이 없이 새로운 것을 만드는데 편리하다.

3) 사회성 발달 측면

또래와의 협동심과 점토놀이에 또래와 함께 참여하므로 다양한 사회적 기술을 증가시키고, 의사소통의 기회를 볼 수 있다.

유아들이 밀가루 점토를 이용하여 빵이나 음식물을 만들어 소꿉놀이하는 것을 볼 수 있다. 가게놀이를 하면서 서로의 생각을 나누며 물건의 생산과 유통, 과정 등 생활에 필요한 사회적 기술을 연습하는 것을 볼 수 있다.

4) 정서발달 측면

유아는 점토를 치거나 세게 두드리면서 부정적인 감정과 긍정적인 감정 모두를 표현한다. 점토놀이는 유아 자신의 한계와 좌절김과 관련된 부정적인 감정을 분출한다. 또한 유아는 점토를 두드리고, 주무르고, 밀면서 자신의 힘으로 물체가 변화하는 것을 느끼고 자신을 스스로 통제하는 능력을 기르게 된다.

5) 신체발달 측면

점토를 만지고 노는 가운데 손가락을 많이 움직여 모양을 만들면서 소근육이 발달한다. 눈과 손의 협응력도 길러진다.

점토를 두드리고 단단하게 만드는 과정에서 대근육이 발달한다.

2. 찰흙 점토활동의 발달단계

유아들의 찰흙 활동을 보면 연령에 따라 표현하는 행동과 작품이 다르게 나타난다. Brittain과 이길종의 보고에 의하면 다음과 같다(이현아, 2005).

1) Brittain의 발달단계

(1) 2세

찰흙을 두드리고 잡아떼고 다시 붙이는 등의 활동을 한다.

(2) 3세

찰흙을 굴려서 공 모양을 만들거나 길게 굴려서 뱀 모양을 만든다.

(3) 4세

여러 개의 공 모양을 함께 붙여서 좀 더 복잡한 형태를 만들고 이것에 이름을 붙인다.

(4) 5세

유아가 무엇을 만들 것인지를 먼저 이야기하고 제작에 착수한다. 대부분 입상 형태로 만들지 못하고 납작한 형태로 만든다. 또한 그림그리기에서처럼 머리와 다리만 있는 사람을 만들거나 신체 각 부분을 찰흙으로 빚어서 배열한다. 그림 밖에 찰흙을 가늘고 길게 밀어서 사람 윤곽을 만들고 그 안을 찰흙으로 메우는 식으로 사람을 만든다.

2) 이길종의 발달단계

(1) 3-5세 : 맹목적 조형기

이 시기의 유아는 찰흙의 촉감을 느끼며 즐긴다. 찰흙을 주면 어깨와 팔의 움직임과 손의 움직임에 따라 자신도 예상하지 못한 형태를 만들어 낸다. 이 과정을 통해 자신이 어떤 형태를 만들었다는 사실만으로 쾌감을 느끼며 자신이 만든 것에 이름을 붙이거나 설명을 한다.

(2) 5-7세 : 경단기

이 시기에는 찰흙을 만지는 방법이 익숙해지며 자신이 만든 찰흙에 이름을 붙이는 것이 더욱 활발해진다. 유아는 찰흙을 손으로 빚어 경단 모양을 만들고 이름을 붙이며 만족감을 가진다. 또한 남자와 여자를 구분하여 표현하기 시작한다.

(3) 7-9세 : 상징기

이 시기에는 주변 환경이나 대상을 표현하는데 그 특징을 파악하여 표현하고자 하는 단계이다. 사람을 표현할 때도 전체 형상뿐만 아니라 눈, 코, 입, 귀 등의 세부적인 표현도 하려고 한다.

이 들의 연구 결과를 보면 대부분의 유아들이 연령이 낮을 때에는 단순한 탐색의 과정을 가지지만 연령이 높아지면서 형태를 만들고 면적이나 공간을 차지하는 작품을 만들고 사물의 모양을 보다 구체적으로 형상화하는 것을 알 수 있다.

3. 점토 종류

1) 찰흙 점토

찰흙은 자연에서 나오는 흙의 일종으로 한 가지 색이며 부드럽고 감촉이 좋아 유아들이 조형작업을 하는데 좋다. 밀고, 당기고, 두드리고, 주무르는 것을 통하여 형태가 변화하는 조형물로 사용될 수 있다. 진흙이 마르면 그 모양은 지속된다. 찰흙은 영유아가 잡고 볼 수 있는 삼차원적 놀잇감이다. 유아는 진흙을 다루면서, 자신이 힘이 있음을 느끼게 된다. 이런 독특한 특성은 다른 매체에서는 찾을 수 없다.

찰흙으로 조형활동을 하고 난 다음 그늘지고 바람이 부는 곳에 두어 잘 말린다. 말린 작품은 갈색으로 색 자체가 자연색으로 보기에 좋으나 물감이나 아크릴 물감으로 색을 칠해서 더 다양하게 할 수 있다. 물이 묻으면 허물어지므로 니스를 칠해 두면 더 견고하게 보관할 수 있다.

찰흙을 보관하는 방법은 작업을 하다가 찰흙이 마르면 축축한 젖은 헝겊으로 덮어 준다. 다음 날 다시 사용하기 위해서 비닐봉지를 겹으로 싸서 공기가 통하지 않게 하여 그늘진 곳에 둔다. 장기 보관하고자 하는 경우 찰흙을 동그랗게 빚어 손가락으로 구멍을 뚫고 그 안에 물을 넣어 구멍을 봉하고 그늘진 곳에 그릇을 놓고 그 안에 차곡차곡 쌓고 물을 조금 부은 다음 공기가 통하지 않도록 밀폐시킨다. 그늘진 곳에 플라스틱통을 두고 그 안에 찰흙을 두고 물을 찰흙이 마르지 않을 정도로 부어 두고 뚜껑을 덮어 공기를 차단시킨다.

2) 밀가루 점토

밀가루 점토는 유아에게 위험하지 않으며, 점토를 사용하여 요리와 빵굽기와 같은 가정에서의 경험을 할 수 있어 역할놀이와 연결되어 놀이가 확장될 수 있다. 찰흙을 손에 묻히는 것을 주저하는 유아들도 밀가루 점토는 쉽게 만진다. 밀가루 점토는 쉽게 무엇을 만들 수 있고, 원래의 상태로 되돌아갈 수 있다. 유아는 밀가루 점토를 주무르고, 세게 치며, 밀고, 자르는 것을 즐긴다.

(1) 밀가루 점토에 들어가는 재료

기본적으로 밀가루, 물만 있으면 된다. 그러나 놀이를 좀 더 재미있게 하기 위해서 색밀가루 점토를 만든다. 색을 내기 위해 식용색소나 야채나 과일즙을 넣으면 좋다. 밀가루 점토가 부패하는 것을 지연시켜 오래 사용하기 위해서 소금을 넣고 점토를 좀 더 부드럽게 하기 위해 식용유를 넣는다.

밀가루 점토를 만드는데 들어가는 재료의 비율은 밀가루 2컵, 물 1컵, 식용색소 3-4방울(또는 색깔을 낼 수 있는 야채즙이나 과일즙), 식용유 1 티스푼, 소금 1 티스푼 정도로 하면 적당하다.

(2) 만드는 방법

밀가루에 소금을 넣고 물을 넣어 반죽한다. 식용색소나 즙은 색을 내고 싶은 분량만큼 넣는다. 식용색소를 넣을 때에는 반죽할 물에 타서 밀가루 반죽을 한다. 초록색을 내고 싶으면 시금치 삶은 물, 빨간색을 내고 싶으면 오미자를 우려낸 물, 보라색을 내고 싶으면 포도 삶은 물을 넣고 반죽한다. 다른 채소나 과일즙을 사용해서도 색을 낼 수 있다. 색을 내기 위해 채소 삶은 물이나 야채즙을 넣을 때는 그 만큼 물의 양을 줄여야 질척거리지 않는다.

(3) 밀가루 점토 보관법

밀가루 점토를 말리기 위해 오븐에 굽거나 그늘진 곳 통풍이 잘되는 곳에서 말린다. 색칠을 하고 니스 칠하면 오래 보존할 수 있다.

밀가루 점토를 다시 사용하기 위해서 비닐로 싸서 냉장고에 둔다. 유아들이 활동하면서 색이 뭉쳐지고 더러움으로 부패가 되므로 다시 사용할 때는 교사가 잘 살펴보고 준다.

3) 전분(녹말) 점토

물과 소금을 섞어 바닥이 두꺼운 냄비에 넣고 데운 다음 전분을 조금씩 넣고 덩어리질 때까지 섞는다. 밀가루 점토보다 부드럽고 색이 잘 든다.

4) 고무점토(유점토)

고무점토는 기름성분이 있어 먼지가 쉽게 달라 붙으나 끈적이지 않고, 부서지거나 손에 묻지 않고 촉감이 부드럽다. 또한 색상이 좋으며 다른 색과 섞어 또 다른 색을 만들 수 있다.

5) 컬러믹스(color mix)

컬러믹스는 컬러점토라고도 하는데, pvc를 주원료로 만들어진 조형제로서 기본 5색(흰색, 검은색, 빨간색, 노란색, 파란색)을 섞어 여러 가지 색으로 만들어 사용할 수 있다. 부드럽고 말랑거리며 손에 붙지도 않고 쉽게 모양이 만들어지고 공기 중에서 마르지 않아 유아들이 다루기에 좋은 재료이다. 또한 유성이라 물이 묻거나 물에 삶아도 색상과 작품에 변형이 되지 않는다.

손쉽게 보관할 수 있고 반복해서 사용할 수 있는 좋은 점이 있다. 찰흙과는 다른 느낌을 주므로 영유아가 즐거움을 주고 새로운 도전을 제공하는 재료이다.

크기가 작은 작품은 끓는 물에 20-30분 정도 삶으면 된다. 액자 정도의 큰 작품은 찌는 것으로 굳게 할 수 있는데 시간이 걸린다. 컬러점토를 굳게 한 것은 고무지우개로도 사용할 수 있다.

6) 볼클레이(구슬점토)

볼클레이는 구슬점토라고도 하는데 작은 날치알이 엉켜있는 것 같으며 기본색이 있다. 색깔이 다른 볼클레이를 섞으면 완전히 혼합되지 않아 다른 색깔로 변하지 않는다. 쉽게 뭉쳐지며 질감이 다른 점토와 달라 유아들의 흥미와 관심이 더 많은 편이다. 아무데나 쉽게 붙일 수 있으며 모양도 형성되므로 유아들이 사용하기 매우 편하다.

4. 점토 조형활동에 필요한 도구와 소품

점토 활동에서 도구를 꼭 제공하여야 하는 것은 아니다. 유아가 점토의 특성을 감각기관을 이용하여 살피고 느끼며, 자신이 할 수 있는 것이 무엇인지 알아내는 것으로도 충분한 경험이 된다. 유아의 점토놀이가 보다 활성화되면 교사는 다양한 자료를 제공하므로 점토놀이를 확장할 수 있다. 점토놀이에 사용할 수 있는 다양한 도구와 소품은 빗, 점토용 칼, 모양틀, 과자 찍기틀, 국수기계, 핀셋, 이쑤시개, 접착제, 밀대, 계량컵, 숟가락, 포크, 플라스틱 용기, 작품을 장식할 수 있는 소품(톱밥, 끈, 부서진 달걀껍질, 귤껍질, 솔방울, 마른 풀, 자갈, 나뭇가지, 단추, 소라돌, 조개) 등이 있다.

5. 점토 조형활동 장소

점토 활동은 실내와 실외에서 모두 이루어질 수 있다. 교실에서는 대부분의 경우 점토놀이는 조형영역에서 이루어진다. 유아들은 흔히 앉아서 점토놀이를 한다. 따라서 점토놀이가 이루어지는 책상은 점토를 직접 올려놓을 수 있는 돌비늘(mica) 표면인 매끄러운 표면을 가진 책상이 좋으나 조형영역의 책상 위에 두꺼운 비닐을 씌워 사용할 수도 있다. 점토놀이를 위한 책상이 따로 마련되어 있지 않으면, 가로 세로 25-30 센티 정도의 코팅한 사각판을 개별적으로 제공하는 것이 좋다. 점토놀이를 할 때 유아가 옷을 더럽히지 않도록 옷 위에 입을 수 있는 비닐이나 헌옷을 이용한 겉옷을 준비한다. 점토놀이 영역이 손을 씻을 수 있는 장소가 가깝다면 점토놀이 후의 정리를 보다 손쉽게 할 수 있다.

유아가 만든 작품을 색칠하거나 오븐에 굽기 전에 건조시킬 수 있는 선반을 준비한다. 또한 유아가 만든 작품을 전시할 수 있는 공간을 마련해야 한다.

점토를 말릴 때는 그늘진 곳으로 공기가 잘 통하는 곳에서 말린다. 흙 속에 있는 공기가 빠지지 않는 경우 마를 때 갈라진다. 습기가 많은 때와 건조한 때와 장소에 따라 마르는 속도가 다르다. 약 2주 정도 지나면 완전히 마르고 그 위에 색칠을 할 수 있다.

6. 교사의 역할

교사는 유아가 다양한 점토를 가지고 놀 수 있는 기회를 제공하여야 한다. 점토의 특성을 살핀 후 점토를 이용해 단순한 구성물(공, 동그란 것, 뱀 등)을 만들기 시작한 유아의 구성 활동이 좀 더 다양하게 이루어질 수 있도록 여러 가지 소품을 마련해 주고 다양한 도구를 사용해 점토놀이를 활동하는 방법에 대해 이야기를 나누고 작품의 변화를 관찰한다.

점토를 사용하기 주저하는 유아에게 교사는 유아와 함께 테이블에 앉아 있으므로 해서 점토놀이가 가치 있는 활동임을 알려 줄 수 있다. 교사는 유아에게 특정 물체를 만들거나 교사가 점토를 사용해서 무엇인가를 만드는 행동을 보여주는 것 만으로도 유아의 흥미를 끌게 한다. 유아가 교사의 작품을 모방하도록 하기보다는 유아 스스로 자신의 생각을 표현할 수 있는 기회를 제공한다.

7. 활동의 실제

1) 활동명 : 절편 만들기

〈목표〉

① 밀가루 점토를 탐색한다.

② 소근육이 발달된다.

③ 눈과 손의 협응력이 발달한다.

④ 찍기 활동을 안다.

〈자료〉

색밀가루 점토, 오목 볼록으로 무늬가 되어 있는 물건, 찍기틀, 가위나 빵 칼, 종이접시

〈활동방법〉

① 유아에게 색밀가루 점토를 준다.

② 절편을 먹어 본 경험에 대한 이야기 나누기를 한다.

-절편을 먹어 본 적이 있어요?

-모양은 어떻게 생겼나요?

-맛은 어때요?

③ 밀가루 점토로 긴 띠를 만든다.

④ 밀가루 점토로 만든 긴 띠 위에 오목 볼록으로 무늬가 되어 있는 물건으로 연속해서 누른다.

⑤ 한 무늬씩 자른다.

사진 1-1

2) 활동명 : 거북이 만들기

〈목표〉

① 거북이의 모양을 안다.

② 거북이를 점토로 표현할 수 있다.

〈자료〉

밀가루 점토, 빵칼, 30센티 자, 사인펜

〈활동방법〉

① 유아에게 밀가루 점토를 준다.

② 거북이를 본 경험에 대한 이야기 나누기를 한다.

-거북이를 본 적이 있어요?

-거북이 몸은 어떻게 생겼나요?

③ 거북이 사진이나 그림을 보여 준다.

-거북이 몸에는 다리가 몇 개 인가요?

-다른 동물하고 다른 점이 있나요?

④ 점토로 만든다.

⑤ 감상한 다음 말린다.

⑥ 색칠하고 싶어하는 유아는 말린 다음 색칠한다.

사진 1-2

3) 활동명 : 얼굴 만들기

〈목표〉

① 찰흙의 특성을 알 수 있다.

② 소근육을 발달시킨다.

③ 자아상을 기를 수 있다.

〈자료〉

찰흙

〈활동방법〉

① 찰흙을 제시한다.

② 주무르고, 떼어 내고, 뭉치며 탐색하도록 한다.

- 느낌이 어때요?

③ 얼굴 모양을 인식한다.

-얼굴에 무엇이 있을까요? 눈, 코, 입, 머리, 귀 등

④ 점토로 만든다.

⑤ 감상한 다음 말린다.

사진 1-3

4) 활동명 : 좋아하는 것 만들기

〈목표〉

① 볼클레이의 특성을 알 수 있다.

② 다양한 모양을 표현할 수 있다.

③ 자기가 좋아하는 것을 표현할 수 있다.

〈자료〉

볼클레이

〈활동방법〉

① 볼클레이와 다른 점토의 차이점을 알 수 있다.

② 볼클레이로 자기가 좋아하는 것을 만든다.

사진 1-4

5) 활동명 : 점토 지형 만들기

〈목표〉

① 협력하여 조형활동하는 경험을 한다.

② 서로의 작품을 감상하여 심미감을 기른다.

〈자료〉

찰흙, 색물감 물, 비닐, 큰 화분 받침, 사진자료, 이쑤시개, 수수깡

〈활동방법〉

① 5-8명의 활동하기 원하는 유아들이 모인다.

② 다양한 지형의 사진을 보며 이야기를 나눈다.

③ 준비한 재료를 가지고 다양한 지형을 꾸민다.

④ 점토 이외의 자료를 첨가하여 지형을 꾸며 본다.

⑤ 블록에 있는 소품(사람이나 동물 등)을 첨가하여 꾸며 본다.

⑥ 점토 꾸미기가 끝나면 준비한 색물감 물을 붓는다.

사진 1-5

6) 활동명 : 케이크 만들기

〈목표〉

① 밀가루 점토(또는 찰흙)를 이용한 조형활동하는 경험을 한다.

② 서로의 작품을 감상하여 심미감을 기른다.

〈자료〉

밀가루 점토, 모양틀, 이쑤시개, 수수깡, 밀대, 케이크 사진, 플라스틱 접시, 안전가위 등

〈활동방법〉

① 점토를 탐색한다.

② 케이크 사진을 보며 어떤 케이크를 만들지 이야기를 나눈다.

-먹어 보거나 빵집에 전시된 케이크를 본 적이 있어요?

-모양이나 색깔이 어땠어요?

③ 준비한 재료를 가지고 다양한 케이크를 만든다.

-케이크를 만들려면 어떤 것들이 필요할까요?

④ 다양한 자료를 이용하여 케이크를 꾸민다.

-케이크 위에 무엇이 있었죠?

⑤ 각 유아들이 만든 케이크를 접시에 담아 케이크 이름을 붙여 전시한다.

사진 1-6

7) 활동명 : 호랑이 만들기

〈목표〉

① 호랑이의 특징을 알 수 있다.

〈자료〉

찰흙, 사진자료, 이쑤시개, 수수깡, 플라스틱칼 등

〈활동방법〉

① 점토를 둥그렇게 만들며 탐색한다.

② 호랑이 사진을 보며 특징에 대해 이야기를 나눈다.

-호랑이를 본 적이 있어요?

-사진에서 본 호랑이 얼굴에 무엇이 있어요?

수염, 눈, 코, 털

③ 준비한 재료를 가지고 호랑이를 만든다.

④ 작품에 이름을 지어 붙이고 전시한다.

사진 1-7

8) 활동명 : 비빔밥 만들기

〈목표〉

① 비빔밥이 한국 전통 음식임을 안다.

② 비빔밥의 모양을 점토로 표현한다

〈자료〉

지점토, 수채화 물감 및 도구

〈활동방법〉

① 비빔밥을 경험한 것을 이야기 나눈다.

-비빔밥 먹어 본 적 있지요. 비빔밥 안에는 무엇이 들어 있었지요?

② 비빔밥 사진을 보며 이야기를 나눈다.

-이 사진에 있는 비빕밥에는 무엇이 있나요?

③ 점토로 재료를 만들어 비빔밥을 만든다.

④ 작품에 대한 평가를 하고 전시한다.

사진 1-8

9) 활동명 : 과일 만들기

〈목표〉

① 과일의 특징을 알 수 있다.

② 서로의 작품을 감상하여 심미감을 기른다.

〈자료〉

아이클레이

〈활동방법〉

① 아이클레이를 탐색한다.

② 과일에 대한 이야기를 나눈다.

-여러분이 먹어 본 과일에는 어떤 것들이 있나요?

-수박(참외, 사과, 딸기, 포도 등)은 어떻게 생겼지요? 겉의 색깔은 무슨 색깔인가요? 안의 색깔도 겉과 같았나요?

③ 준비한 재료를 가지고 과일을 만든다.

④ 아이클레이 이외의 자료를 첨가하여 과일의 특징을 구체적으로 표현한다.

사진 1-9

10) 활동명 : 바다 속 만들기

〈목표〉

① 바다 생물에 대해 알 수 있다.

② 협동심을 기를 수 있다.

〈자료〉

색밀가루 점토, 소독저, 모루, 색종이, 가위, 어항 등

〈활동방법〉

① 밀가루 점토를 탐색한다.

② 바다와 바다 생물에 대한 이야기를 나눈다.
-바다에는 어떤 생물이 살까요?

③ 준비한 재료를 가지고 바다와 바다 생물을 만든다.

④ 점토 이외의 자료를 이용하여 어항을 꾸민다.

⑤ 바다 생물을 적당히 배치하는데 물고기는 소독저에 매달아 어향에 걸쳐 놓는다.

사진 1-10

제1장 과제

다음의 표와 같이 점토에 대해 정리하시오.

점토 종류	점토명	제작법*	촉감	작품제작에 필요한 것	작품 마르는데 걸리는 시간 및 유의사항	작품사진
1						
2						
3						
4						
5						

* 상품화되어 있는 점토는 그 내용물에 대해 설명한 것을 읽어 보고 쓰시오.

제2장

자연물 조형활동

1. 교육적 가치
2. 예술적 가치
3. 자연물 조형 재료
4. 활동방법
5. 활동의 실제

자연 속에서 인간은 살고 있다. 인간은 자연에 영향을 주기도 하며 자연에 의한 영향을 받기도 한다. 인간 사회의 급격한 변화와 고도의 도시화 · 산업화가 되면서 인간은 자연과 직접 접할 수 있는 기회가 예전보다 훨씬 적어졌다.

자연은 인간에게 많은 유익을 준다. 자연을 통해 자연이 지닌 아름다움과 편안함을 느끼며 교육적인 것도 많이 배울 수 있다. 자연을 과학적으로 탐구하여 인간 생활에 편리한 기계와 유용한 물질들도 있지만 자연에 대한 감상과 표현은 인간의 내적인 생활을 풍요롭게 해 준다.

자연에는 조형활동을 할 수 있는 재료들이 거의 대부분이다. 우리 주변에서 쉽게 볼 수 있는 나뭇잎은 베껴 내기나 만들기를 위한 훌륭한 조형재료가 되며, 나뭇잎의 테두리 선과 잎맥의 모양 또 색깔 등은 조형요소로써 아름다움을 어떻게 표현해야 할지를 인지할 수 있게 해 준다.

1. 교육적 가치

자연물 조형활동의 교육적 가치는 여러 가지를 들 수 있다.

1) 신체적 · 정신적 건강을 도와 준다.

유아들이 자연물을 만지고 보고 그 속에서 활동을 하면서 자연물에서 나오는 건강에 좋은 고유 물질이라든지, 눈으로 보는 색으로 심신의 건강을 도모할 수 있다. 조형활동을 위해 소나무 숲에 들어가서 솔방울을 주울 때 건강에 좋은 물질인 치톤피스를 흡입할 수 있다. 작은 조약돌을 손으로 굴리며 조형활동을 할 때 소근육 발달이 이루어지며 두뇌에 자극을 주어 뇌 발달을 돕는다. 나뭇잎의 초록색은 마음의 안정을 준다.

2) 탐구심을 길러 준다.

자연물은 다양한 형태, 색깔, 질감, 성질 등을 갖고 있으므로 유아들이 자연물에 흥미를 갖고 이러한 특성을 살펴보는데 효율적이다. 자연물 중에는 아주 다른 차이가 있는 것들이 많다. 꽃이라 할지라도 나무마다 피는 꽃의 형태, 색깔, 질감, 성질이 다르다. 콩과 호박씨를 비교해 보면 갖고 있는 특성들이 다르다. 콩은 원형이고 비교적 딱딱하며 연한 갈색이라면 호박씨는 넓적하고 비교적 타원이며 부피감이 없다. 유아들은 조형활동을 하면서 재료로 사용하는 자연물에 대한 관심을 갖고 살펴보면서 탐구심이 길러질 수 있다.

3) 창의성을 길러 준다.

자연물 조형활동을 통해 유아들은 자연물이 갖고 있는 독특한 형태를 알게 되고 또 자연물을 자신의 생각과 느낌에 따라 다양한 표현을 함으로써 창의성을 기를 수 있다.

2. 예술적 가치

인류 사회는 옛날부터 자연물을 이용한 생활용품을 만들어 사용하고 발전시켜서 인류 문명을 발달시켜 왔다. 흙이나 커다란 어패류 껍질을 이용하여 그릇을 만들어 사용하였고 나무나 풀로 가옥을 장식하였다. 자연물은 그 자체가 갖고 있는 색깔과 모양이 아름다우며 또 필요에 따라 자연물을 가공하여 더욱 그 아름다움을 표현할 수 있다. 우리나라는 오래전부터 자연물을 이용하여 아름다운 예술품들을 많이 만들고 일상생활에서 사용하면서 그 아름다움을 즐겼다. 오늘날 더욱 세련된 디자인으로 자연물을 이용한 예술 작품들이 만들어지고 있고 사용되고 있다.

1) 돌을 이용한 조형 작품

장신구, 그릇, 벼루, 조각 등

사진 2-1

2) 풀, 짚을 이용한 조형 작품

방석, 놀이기구, 발, 화문석 등

사진 2-2

3) 나무를 이용한 조형 작품

조각, 그릇, 상자, 문창살 등

사진 2-3

4) 흙을 이용한 조형 작품

장독대, 도자기, 테라코타 등

사진 2-4

3. 자연물 조형 재료

자연물 조형활동에 사용할 수 있는 재료는 거의 모든 자연물이 해당된다고 볼 수 있다. 그러나 유아의 발달적 특성과 자연물 자체가 갖고 있는 특성을 고려하여 유아가 사용하기에 편리하며 안전하며 유익한 재료를 선정하도록 한다.

재료를 얻을 수 있는 장소로 구분해 보면 다음과 같다.

1) 들에서 얻을 수 있는 재료

(1) 곡물 — 각 종 곡물의 씨앗들, 씨앗을 싸고 있는 껍질들

(2) 과일과 채소 — 일상생활에서 흔히 접할 수 있고 유아들이 다루기 쉬운 과일과 채소로써 무우, 당근, 감자, 호박, 오이, 상추, 귤, 수박, 사과 등

(3) 돌 — 작은 돌, 원석, 돌멩이 등 유아들이 다루기 쉽고 표현할 면적이 있는 것

(4) 흙 — 땅에 있는 흙

(5) 나무나 풀 — 나뭇잎, 나무껍질, 풀이나 나무줄기, 지푸라기, 솔방울, 도토리, 과일, 꽃잎, 목탄, 나무둥치

(6) 깃털 — 새들의 날개나 꽁지의 털 등

2) 강이나 바다에서 얻을 수 있는 재료

(1) 조개껍질 — 여러 가지 모양의 조개껍질로 깨끗이 씻어 말린 것

(2) 조약돌—강이나 바닷가 모래사장에 있는 여러 가지 모양과 색깔의 돌 들

(3) 모래 — 강이나 바닷가에 있는 모래

(4) 소금 — 염전에서 얻는 천일염 등

4. 활동방법

자연물을 이용한 활동방법은 특별히 구체적으로 제시한다는 것이 어렵다. 그래도 활동방법의 유형을 나누어 보면 다음과 같다(이명호, 2004).

1) 자연물을 그대로 활용하기

자연에서 발견되는 어떤 형태나 색깔을 더하거나 빼지 않고 그대로 조형하는 것들을 말한다. 자연물의 자연적인 상태를 인위적인 가감 없이 그대로 사용하여 활동을 하는 것이다. 이러한 표현방법은 유아의 연상 활동이 활발하게 일어나야 효과가 증대된다. 모양, 색깔을 그대로 이용하여 조형하는 것은 최소의 투입조건으로 최대의 교육적 효과를 올릴 수 있는 장점이 있다.

2) 자연물을 조금 변형하기

자연이 가지고 있는 형태나 색깔을 연상하고 거기에 약간의 변형을 시도하면 재미있는 모양이 조형되는 것을 말한다. 이 활동에는 어떤 모양이나 색깔을 이용하는 능력이 요구된다.

3) 자연물을 많이 변형하기

미리 어떤 아이디어를 가지고 그것에 알맞은 재료를 자르거나 이어 붙여 조형하는 것을 말한다. 이것은 재료를 머리 속에 있는 형상에 맞추는 방법의 작용이다. 재료 본래의 특성보다는 유아의 머리 속에서 발생하는 아이디어에 재료를 맞추는 방법이다.

5. 활동의 실제

1) 활동명 : 풀잎으로 가면 만들기

〈목표〉

① 잎의 모양과 촉감 등 잎의 특성을 안다.

② 잎의 특성을 활용하여 모양을 꾸밀 수 있다.

〈자료〉

면적이 넓은 잎(오동나무잎, 연잎, 프라타나스잎, 토란잎 등), 안전가위, 노란 고무줄 2개, 송곳, 스카치테이프

〈활동방법〉

① 나뭇잎의 모양을 관찰한다.

② 잎의 모양을 보며 눈과 입의 위치와 크기를 어떻게 만들지 정한다.

③ 눈과 입 모양을 나뭇잎에 연필로 그린다.

④ 안전가위로 눈과 입 자리를 자른다.

⑤ 얼굴에 수염 등을 꾸밀 작은 잎이 있으면 스카치테이프로 붙인다.

⑥ 귀 부분에 맞추어 송곳으로 구멍을 뚫고 노란 고무줄을 끼운다.

⑦ 다른 사람이 만든 탈을 보고 감상한다.

⑧ 만든 탈을 쓰고 논다.

〈유의점〉

① 나뭇잎은 되도록 두껍고 질긴 잎이 좋으나 주변에서 얻기 쉬운 잎이 우선적이다.

② 나뭇잎은 곧 마르므로 활동 후 전시 및 보관에 유의한다. 작품은 사진으로 찍어 기록을 남긴다.

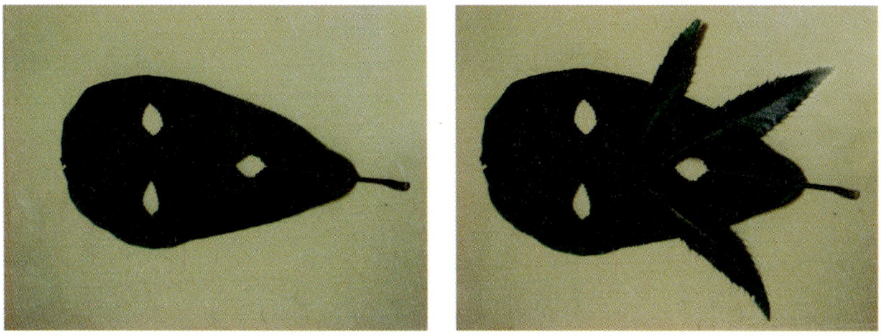

사진 2-5

2) 활동명 : 나무 사람

〈목표〉

나뭇가지로 표현할 수 있다.

〈자료〉

나뭇가지, 나뭇잎, 스카치테이프, 이쑤시개, 꾸미기에 필요한 물건

〈활동방법〉

① 나뭇가지를 보면서 어떤 사람을 만들지 생각한다.

② 길고 짧은 나뭇가지로 사람을 만든다.

③ 꾸미기를 한다.

④ 이름을 붙여 본다.

⑤ 감상하고 평가한다.

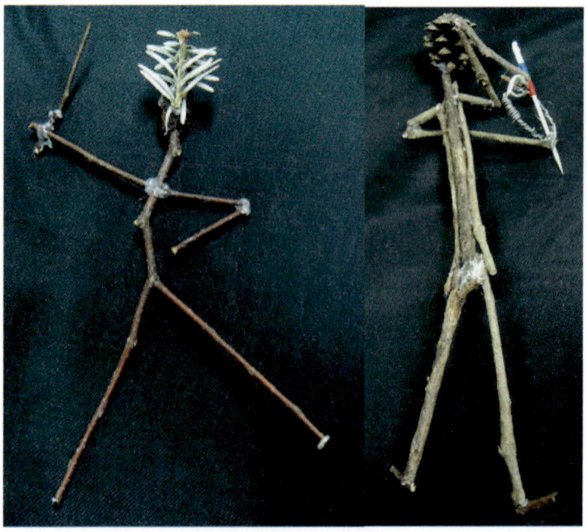

사진 2-6

3) 활동명 : 가리비 나비

〈목표〉

① 조개껍질의 특성을 안다.

② 나비의 형태를 알고 조개로 표현할 수 있다.

〈자료〉

가리비 조개껍질, 강아지풀, 장식물, 본드, 나뭇가지

〈활동방법〉

① 나뭇가지 양쪽에 가리비를 본드로 붙인다.

② 조개를 여러 가지 장식물로 꾸민다.

③ 강아지풀을 더듬이로 붙인다.

④ 나비를 보고 감상한다.

사진 2-7

4) 활동명 : 야채로 만들기

〈목표〉

① 여러 가지 야채와 식물의 열매를 알 수 있다.

② 자연의 색깔과 모양을 알고 감상할 수 있다.

③ 창의적인 표현을 할 수 있다.

〈자료〉

여러 가지 야채와 식물의 열매, 칼, 눈알 등

〈활동방법〉

① 주변에서 얻을 수 있는 야채와 열매를 보고 무엇을 만들지 생각한다.

② 야채나 식물의 열매를 이용하여 만들고 싶은 것을 만든다.

③ 감상하고 평가한다.

④ 곧 시들므로 사진으로 찍어 기록한다.

사진 2-8

5) 활동명 : 천정장식

〈목표〉

① 자연물의 아름다움을 느낄 수 있다.

② 자연물을 실생활에 활용할 수 있음을 안다.

〈자료〉

굴곡진 형태가 많은 나뭇가지나 뿌리, 낚싯줄

〈활동방법〉

① 굴곡진 형태가 많은 나뭇가지나 뿌리를 다듬어 깨끗이 씻는다.

② 낚싯줄을 이용하여 천정에 안전하게 붙인다.

③ 유아들이 누워서 보이는 형대를 감상하고 이야기 나눈다.

〈유의점〉

안전을 위해 단단하게 고정시킨다.

사진 2-9

6) 활동명 : 책갈피

〈목표〉

① 식물의 아름다움을 느낄 수 있다.

② 압화를 이용해 실생활용품으로 만들 수 있다.

〈자료〉

꽃, 신문지나 두꺼운 책, 코틴지, 가위, 끈이나 리본테이프, 펀치

〈활동방법〉

① 색상이 비교적 화려하고 모양이 뚜렷한 꽃을 채집한다.

② 두꺼운 책이나 신문지 갈피에 꽃을 모양을 잡아 낀다.

③ 꽃이 마른 다음(보통 일주일 정도 지나면 마르나 꽃에 따라 다를 수 있음) 코팅한다.

④ 책갈피에 적당한 크기로 자른다.

⑤ 윗부분에 펀치로 구멍을 뚫고 리본테이프나 끈을 매단다.

〈유의점〉

크게 만들어 그 위에 유성매직이나 네임펜으로 동시를 써서 게시할 수 있다.

사진 2-10

7) 활동명 : 화관

〈목표〉

① 덩굴식물의 아름다움을 느낄 수 있다.

② 덩굴식물의 특성을 이용해 화관을 만들어 사용해 본다.

〈자료〉

덩굴식물류, 소국, 가위

〈활동방법〉

① 소국을 머리둘레의 1.5배 길이만큼 자른다.

② 잎사귀가 뜯어지지 않게 엮은 다음 살짝 머리에 써 본다.

③ 머리 둘레에 맞으면 끝을 스카치테이프로 바른다.

사진 2-11

8) 활동명 : 꽃팔찌

〈목표〉

① 꽃의 아름다움을 느낄 수 있다.

② 꽃의 아름다움을 살려 생활용품으로 만들어 사용해 본다.

〈자료〉

꽃줄기가 부드러운 꽃이나 풀(예 : 강아지풀, 꽃이 핀 쑥갓 등)

〈활동방법〉

① 꽃줄기가 부드러운 꽃이나 풀(예 : 강아지풀, 꽃이 핀 쑥갓 등)로 줄기를 손목의 두 배 정도 길이로 자른다. 짧을 때는 중간에 연결하면서 길이를 만든다.

② 끝을 풀리지 않게 잘 묶는다. 묶을 때 혼자 묶기가 어려우므로 다른 사람에게 부탁한다.

사진 2-12

제2장 과제

1. 다음 곡들 중 한 곡을 들으면서 느낌을 그림으로 그려 보시오.

   비발디의 '4계'

   김성균 작사, 작곡의 '가을'

   김진영 작사, 작곡의 '꽃샘바람'

   백순진 작사, 작곡의 '겨울바람'

   이요섭 작곡, 작사의 '정글숲'

2. 자연물의 특성을 살려 다음과 같은 작품을 만들어 보시오.

   1) 나무와 꽃, 꽃잎을 이용한 작품

   2) 야채와 과일을 이용한 작품

   3) 조개, 조약돌, 돌을 이용한 작품

제3장

염색활동

1. 염색의 의미
2. 천연염색이란?
3. 천연염색의 장점
4. 색조에 따른 천연염색의 분류
5. 천연염색 방법
6. 활동의 실제

1. 염색의 의미

1) 신분의 상징

신분에 따라 입는 옷 색깔이 달랐다. 왕과 귀족의 옷은 염색하여 색을 물들여서 만들었고 금박이나 은박 또는 금사나 은사가 섞여 직조된 화려한 옷을 입었다. 그러나 평민의 옷은 색깔이 수수하며 화려하지 않았다.

사진 3-1

2) 종교적 의미

종교에서 사제의 신분을 나타내거나 종교적인 특별한 의미로 특정 색깔의 옷을 정해서 입었다.

3) 신체의 보호를 위한 처리

풀이나 나무에서 해충이 싫어하거나 죽이는 요소가 있는 부분을 채집하여 염색을 하였다.

4) 민족성의 의미

민족이나 국가마다 고유의 전통색이 있다. 과거 우리나라는 흰색 옷을 즐겨 입어 백의민족이라고 불리기도 했고 근대에 와서 색동이 우리나라의 상징적인 색깔로 대두되고 있다.

2. 천연염색이란?

식물의 뿌리, 줄기, 꽃, 잎 등의 식물성 염료나 동물의 몸, 분비물 등의 동물성 염료 그리고 흙, 돌 등의 광물성 염료를 이용하여 염색을 하는 것이다. 대개 물에 끓여서 얻은 염액으로 염색하는 것을 말한다.

3. 천연염색의 장점

1) 색상이 은은하다.
2) 색이 자연스럽다.
3) 환경오염을 방지할 수 있다.

4. 색조에 따른 천연염색의 분류

1) 적색계

홍염 또는 적색염이라고도 하며, 홍화, 소방, 천(꼭두서니), 오미자 등이 사용된다.

2) 황색계

황백, 치자, 신초, 두리 등이 사용된다.

3) 청색계

쪽이 사용된다.

4) 자색계

자초 등이 사용된다.

5) 갈색계

감 등이 사용된다.

5. 천연염색 방법

1) 준비작업

(1) 염색 색깔을 정하고 재료를 준비한다.

염색재료를 준비할 때 주의할 점은 다음과 같다.

① 구하기 쉽고 경제적인 것이어야 한다.

② 염색 후 색이 잘 고착되는 것(염색견뢰도)이 좋다.

(2) 매염제를 준비한다.

2) 일반적인 염색법

(1) 옷감을 정련한다.

① 세제 넣은 물에 옷감을 넣고 20분 정도 끓인다.

② 세제가 완전히 빠질 때까지 여러 번 헹군다.

(2) 염색 재료를 물에 넣고 30분 정도 끓인다.

염색 재료와 색깔의 농도에 따라 매염의 사간과 방법에 차이가 있다.

(3) 끓인 물을 잘 걸러 염색물만 남긴다.

(4) 염색물에 옷감을 넣고 끓인다.

(5) 물로 여러 번 헹구고 그늘에서 말린다.

(6) 매염제로 매염처리를 한다.

매염의 방법은 다음과 같다.

① 선매염 : 염색하기 전에 미리 옷감에 매염 처리하는 방법

② 동시매염 : 염액(염색물)과 매염제를 같이 넣고 염색하는 방법(얼룩이 지기 쉽다)

③ 후매염 : 옷감을 염색한 후 매염제로 발색시키는 방법

6. 활동의 실제

1) 활동명 : 봉선화 물들이기

〈목표〉

① 봉선화 꽃의 아름다움을 안다.
② 손톱에 봉선화 물이 드는 것을 안다.
③ 자연과 자신이 하나임을 느낄 수 있다.

〈자료〉

봉선화 꽃과 잎, 명반, 절구, 비닐랩, 실

〈활동방법〉

① 봉선화 꽃의 모양을 관찰한다. 꽃의 색깔과 잎의 모양 등에 대해 이야기 나눈다.
② 봉선화 꽃과 잎을 채집한다.
③ 절구에 봉선화 꽃 및 잎을 명반과 함께 넣고 찧는다.
④ 찧는 것을 손톱에 올려놓고 랩으로 감싼 다음 실로 돌려 감아 고정시킨다.
⑤ 10시간 정도 지나 랩을 풀고 고은 물이 손톱에 든 것을 확인한다.

〈유의점〉

완전히 물이 들려면 시간이 많이 걸리므로 보통 유아교육기관에서 캠프활동으로 일박을 할 때 활동한다.

2) 활동명 : 애기똥풀로 문신하기

〈목표〉

애기똥풀에서 노란액이 나오는 특성을 안다.

〈자료〉

애기똥풀

〈활동방법〉

① 애기똥풀을 관찰한다.

② 애기똥풀을 뽑아 줄기를 잘라 노란액이 나오게 한다.

③ 노란액을 이용하여 손등이나 팔에 그림을 그린다.

④ 경험한 것에 대해 이야기 나눈다.

3) 활동명 : 포도물 들이기

〈목표〉

① 포도색깔을 안다.

② 옷감에 든 포도색의 아름다움을 느낀다.

〈자료〉

포도껍질, 옷감(면이나 명주)

〈활동방법〉

① 포도껍질을 물과 함께 약 20-30분 끓인다.

② ①의 물에서 껍질을 걸러 내고 옷감을 약 30분 정도 넣는다.

③ 곡식으로 만든 식초나 명반의 매염제로 매염 처리한다.

④ 맑은 물에 빠른 시간 내에 헹군 다음 말린다.

⑤ 염색된 천을 보고 포도색깔과 어떤 차이가 있는지, 다른 친구의 옷감과 어떻게 다른지 이야기 나눈다.

〈유의점〉

① 염색견뢰도(염색 후 색이 잘 고착되는 것)가 낮으므로 다른 옷감과 함께 빨지 않도록 한다.

② 활동의 확장으로 옥양목 위에 포도를 그리고 염색된 천은 포도알 크기로 동그랗게 잘라 붙이고 초록색 천으로 포도잎을 만들어 액자를 만든다.

사진 3-2

4) 활동명 : 장미꽃 염색하기

〈목표〉

① 장미색깔을 안다.

② 장미꽃 색깔의 아름다움을 느낀다.

〈자료〉

장미꽃, 옷감(면)이나 휴지, 비닐이나 신문지

〈활동방법〉

① 장미꽃을 관찰한다.

② 관찰기록을 한다.

③ 책상 위에 비닐이나 신문지를 깔고 그 위에 장미꽃잎을 적당히 펼쳐 놓는다.

④ 장미꽃잎 위에 천 또는 휴지를 놓고 나무망치나 쇠로 된 수저로 톡톡 내리쳐 꽃잎 물이 배어나게 한다.

5) 활동명 : 양파염색

〈목표〉

① 양파껍질이 염색재료가 됨을 안다.

② 양파껍질 염색의 색깔을 안다.

〈자료〉

양파껍질, 옷감(견이나 면), 냄비, 부루스타, 맑은물, 그릇

〈활동방법〉

① 양파껍질을 준비한다.

② 약 20-30분 정도 끓여 껍질은 체에 거른다.

③ 끓인물에 옷감을 넣고 염색한다.

④ 가끔씩 저어 주면서 약 20분 정도 염색하고 물로 여러 번 헹군다.

⑤ 철매염(부식된 철을 끓인물)을 한다.

⑥ 맑은물로 헹군다.

⑦ 그늘에서 말린다.

사진 3-4

6) 활동명 : 커피염색

〈목표〉

① 커피가 염색재료가 됨을 안다.

② 커피물로 염색된 색깔을 안다.

〈자료〉

커피, 옷감(견이나 면), 명반, 부루스타, 맑은물, 그릇

〈활동방법〉

① 커피를 약 20분 정도 끓여 염액을 만든다.

② 커피 염액에 물에 적신 옷감을 넣고 매염제(명반)와 함께 끓인다. 명반의 양은 염액의 양과 매염제(명반)의 비율이 1.5ℓ 페트병에 그 페트병 뚜껑 하나 정도로 한다.

③ 맑은물에 헹군다.

④ 그늘에 말린다.

사진 3-5

7) 활동명 : 감물염색

〈목표〉

① 감물이 염색재료가 됨을 안다.

② 감물염색의 색깔을 안다.

〈자료〉

풋감, 칼, 옷감(견이나 마), 비닐, 그릇

〈활동방법〉

① 풋감을 잘게 잘라 으깬다.

② 옷감을 물에 적셔 짠다.

③ 옷감에 골고루 풋감 으깬 섯을 십어 넣고 자근자근 발로 밟거나 손으로 힘을 주어 주무른다.

④ 충분히 스며들었다고 생각되면 옷감에서 풋감 찌꺼기를 떨어 내고 강한 햇빛에 잘 말린다.

⑤ 말린 다음 옷감에 물을 뿌리고 햇빛에 말리기를 반복하면 진한 갈색을 얻을 수 있다.

〈유의점〉

① 풋감으로 염색할 때는 염색이 곱게 되지 않고 얼룩얼룩하나 풋감을 이기는 재미가 있다.

② 감물염색은 우리나라 특유의 염색법으로 '시염'이라고도 한다. 제주도 지방 고유의 풍속으로 염색한 옷을 갈옷이라 한다. 감물염색은 천이 뻣뻣해지는 특성이 있다.

사진 3-6

제3장 과제

천연염색할 수 있는 재료를 조사하여 염색을 하고 다음의 표를 작성하시오.

염색재료	염색법	준비물	작품사진	유의점	구입처

제 4 장

재활용품 조형활동

1. 교육적 가치
2. 예술적 가치
3. 재활용품 조형 재료
4. 재활용품 조형활동 방법
5. 활동의 실제

인간은 생활을 하면서 필요한 많은 물건을 만들어 내고 사용하고 버린다. 그대로 버리면 쓰레기가 되지만 재활용하게 되면 자원의 절약이 된다. 재활용품은 다양한 재질과 모양을 가진 물건들로 조형활동 재료로 활용성이 높다.

유아교육기관에서 유아들과 함께 재활용품으로 다양한 조형물을 만드는 활동은 비단 교육적 가치뿐만 아니라 자연보호와 자원의 절약으로 우리가 생활 중에 실천할 사항이다. 유아교사는 유아에게 유용한 놀잇감도 만들어 줄 수 있고 유아들에게 조형활동으로 재활용의 가치와 아름다움, 창의성을 길러줄 수 있다.

1. 교육적 가치

1) 재활용품에 대한 새로운 가치를 가질 수 있게 한다.

재활용품을 이용하여 새로운 용도의 물건을 만들어 내는 것은 마치 망가진 장난감이 흥미 있는 장난감으로 탈바꿈하는 것과 같은 효과가 있다. 이러한 경험은 재활용품에 대한 인식을 새롭게 하며 재활용품을 가치 있는 것으로 소중히 여겨 자연보호와 자원의 절약을 하게 된다.

2) 관찰력이 길러진다.

재활용품을 이용한 조형 작품을 만들 때 관찰을 통해 재활용품이 갖고 있는 특성과 만들고자 하는 사물의 특성을 연결시켜 사고하여 형상화할 수 있다.

3) 창의적인 다양한 조형활동을 할 수 있다.

재활용품은 그 재질이나 형태가 아주 다양하기 때문에 창의적인 조형 작품을 만드는데 도움이 된다.

2. 예술적 가치

재활용품을 이용한 조형 작품은 그 나름대로 다 예술적 가치를 찾아볼 수 있다. 그러나 예술적 가치를 느끼기 위해선 조형 작업의 결과물이 보는 관객들에게 감동을 줄 수 있고 즐거움을 줄 수 있는 것이어야 한다.

요즘 '정크아트'라는 새로운 장르의 예술이 나타났다. 과거엔 한낱 쓰레기에 불과한 폐기물을 재활용하여 보는 사람들에게 새로운 가치관과 아름다움을 주고 있고 그 영역도 더 넓어지고 있다.

3. 재활용품 조형 재료

모든 재활용품이 유아를 위한 조형활동의 재료로 사용될 수 있다. 재활용품은 기관에서 수집할 수도 있고, 가정통신문을 통해 유아의 가정에서 보내 주도록 학부모의 협조를 받을 수 있다. 또는 지역사회에 있는 공장이나 목재소 같은 곳에서 재활용할 수 있는 것을 얻을 수 있다. 이탈리아의 레지오에밀리아시에서는 시청의 청소를 담당하는 부처와 시에 있는 공장 그리고 자원봉사자들에 의해 재활용품을 수집해서 학교 기관의 요청에 따라 지원해 주는 센터가 있다.

유아들이 조형 작업 재료를 언제든지 자유롭게 사용할 수 있기 위해서 재활용품을 종류별로 잘 정리해 놓는 것과 유아의 눈에 잘 띄도록 하는 것이 필요하다. 정리해 놓을 때에는 깨끗이 씻어 말려야 하며 위험한 부분은 교사가 미리 손질을 해서 놓는 것이 좋다.

그러나 사용하기 전에 다음의 몇 가지 사항을 살펴보아야 한다.

첫째, 사용하기에 안전한가?

둘째, 사용하기에 위생적인가?

셋째, 사용하기에 크기나 무게가 적절한가?

넷째, 쉽게 부서지지 않고 견고한가?

다섯째, 변화를 줄 수 있는가?

재활용품의 종류는 크게 다섯 가지로 나눌 수 있다.

1) 플라스틱류

생활 쓰레기 중에는 플라스틱으로 된 것이 많다. 크기, 두께, 색깔, 무게, 부드럽고 견고함의 정도, 모양 등 플라스틱 재활용품은 매우 다양하다. 각종 음료수를 담은 PET병, 아이스크림 용기, 음식물을 담은 용기, 볼펜 용기. 물건을 담는 포장용기, 일회용 수저 등 일일이 열거하기가 어려울 정도이다.

2) 종이류

재활용 종이는 주로 포장지, 신문지. 잡지, 상자, 속심, 일회용품으로써 색깔, 재질과 두께, 종이에 프린트된 무늬가 있는 것과 없는 것 등 매우 다양하다.

3) 헝겊류

옷, 커튼, 스카프 등 헝겊으로 많은 것을 만들 수 있다. 헝겊도 가벼운 것, 두꺼운 것, 재료가 자연물에서 나온 것과 화학섬유에서 나온 것, 질감, 무늬가 화려한 것과 무늬가 없는 것, 여러 가지 색깔 등 매우 다양하다.

4) 쇠붙이류

통조림 깡통, 음료수 병, 나사와 볼트, 포크, 수저, 냄비 등 쇠붙이로 만든 다양한 재활용품이 있다.

4. 재활용품 조형활동 방법

1) 자유로운 개인별 활동

유아들은 일상생활에서 볼 수 있는 사물들을 많이 표현한다. 자동차, 동물, 생활용품 종류를 주로 만든다.

2) 그룹 활동

유아들이 몇 명이 만들려고 하는 작품에 대한 의논을 하고 그 결과에 따라 재활용품을 이용하여 만드는 활동으로 보통 개인별 활동보다는 시간이 걸리며 크기나 규모가 크다.

5. 활동의 실제

1) 활동명 : 거미와 거미줄

〈목표〉

① 재활용품의 특성을 안다.

② 거미와 거미집에 대한 지식을 알고 재활용품을 사용하여 표현할 수 있다.

〈자료〉

소독저, 무명실, 종이컵, 검은색 물감, 붓, 검정색 모루, 인형눈알, 스카치테이프, 리본

〈활동방법〉

-거미 만들기

① 종이컵을 검정색으로 칠해서 두 개를 붙인다.

② 거미 몸통 부분에 검은색 모루를 잘라 다리를 만들어 붙인다.

③ 인형눈알과 리본을 붙여 장식한다.

-거미줄 만들기

① 나무젓가락 3개를 가운데를 중심으로 해서 붙인다.

② 무명실을 계속 두른다.

③ 실 끝이 풀어지지 않도록 정리한다.

사진 4-1

2) 활동명 : 전화기

〈목표〉

① 재활용품의 특성을 안다.
② 전화기의 구조를 알고 재활용품을 이용해 만들 수 있다.

〈자료〉

네모난 플라스틱 용기, CD, 일회용 컵, 구슬아이스크림 용기, 빨대, 운동화 끈, 요플레통, 스티커, 본드나 스카치테이프

〈활동방법〉

① 네모난 플라스틱 용기를 뒤집어서 그 위에 일회용 컵을 붙인다.
② 일회용 컵 위에 구슬아이스크림 통을 붙인다.
③ 일회용 컵 앞에 CD를 붙인다.
④ 요플레통에 스티커로 장식을 한 후 두 개를 빨대 양 끝에 붙인다.
⑤ 빨대 한쪽 끝과 네모난 플라스틱통의 옆에 끈을 붙여 연결한다.

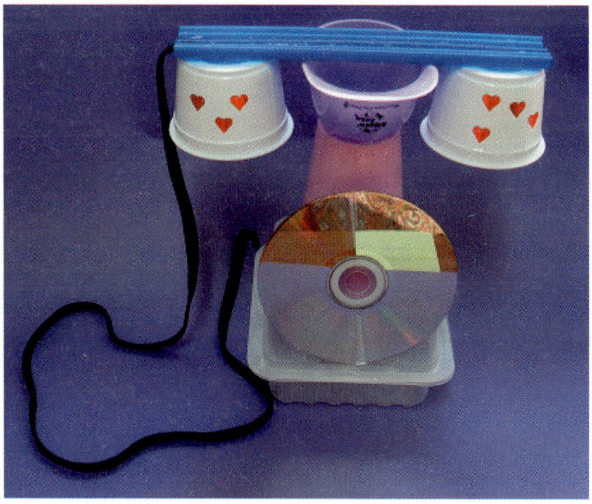

사진 4-2

3) 활동명 : 무당벌레 만들기

〈목표〉

① 재활용품의 모양을 활용할 수 있다.

② 무당벌레의 특성을 재활용품을 이용해 표현할 수 있다.

〈자료〉

마우스, 마우스선, 아크릴 물감, 글루건, 글루건 심

〈활동방법〉

① 마우스에 빨간색 아크릴 물감으로 칠해서 무당벌레 몸통을 만든다.

② 마우스선을 검정색으로 칠해서 말린다.

③ 마우스선을 적당한 길이로 잘라 다리와 더듬이를 만들어 몸통에 글루건으로 붙인다.

사진 4-3

4) 활동명 : 벌 만들기

〈목표〉

① 재활용품의 모양을 활용할 수 있다.

② 벌의 특성을 재활용품을 이용해 표현할 수 있다.

〈자료〉

야구르트병, 빵끈, 검은색 테이프, 스카치테이프, 뽕뽕이, 검은 매직

〈활동방법〉

① 깨끗이 씻어 말린 야구르트병에 검은색 테이프를 잘라 띠를 만들어 3-4번 감는다(검은 매직으로 칠해도 됨).

② 빵끈으로 날개를 만들어 스카치테이프로 붙인다.

③ 뽕뽕이에 매직으로 눈을 칠해서 붙인다.

사진 4-4

5) 활동명 : 스타킹 꽃 만들기

〈목표〉

① 스타킹의 특성을 활용할 수 있다.

② 꽃의 특성을 재활용품을 이용해 표현할 수 있다.

〈자료〉

스타킹, 철사, 용기, 뽕뽕이, 본드, 가위

〈활동방법〉

① 철사를 구부려 꽃 테두리 모양을 만든다.

② 철사 꽃 테두리에 스타킹을 씌운다.

③ 꽃 한가운데 뽕뽕이를 붙인다.

④ 플라스틱 용기를 양말로 덮은 다음 스타킹 꽃을 넣는다.

⑤ 리본으로 장식한다.

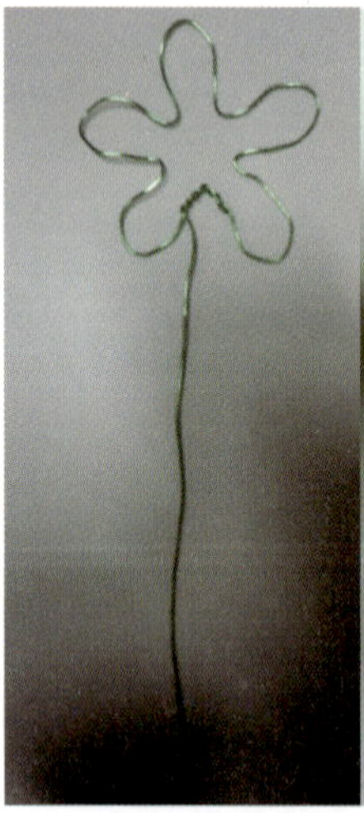

사진 4-5-①

4-5-②

4-5-③

6) 활동명 : 달팽이 만들기

〈목표〉

① 재활용품의 모양을 활용할 수 있다.

② 달팽이의 특성을 재활용품을 이용해 표현할 수 있다.

〈자료〉

스카치테이프 용기, 리본, 집게, 눈알, 글루건과 심, 매직, 아크릴 물감 및 도구, 스티커

〈활동방법〉

① 스카치테이프 용기에 집게를 글루건이나 스카치테이프로 붙인다.

② 스카치테이프 용기에 매직이나 스티커를 붙여 꾸민다.

③ 눈알을 붙이고 리본으로 꾸며 준다.

사진 4-6

7) 활동명 : 고양이 만들기

〈목표〉

① 재활용품의 특성을 안다.

② 고양이의 특성을 재활용품으로 표현할 줄 안다.

〈자료〉

분무기통 2개, 스티로폼 공 2개, 공예철사, 인형눈알. 금색과 검정색 모루, 아크릴 물감

〈활동방법〉

① 분무기통 2개와 구 스치로폼에 검정색을 칠한다.

② 분무기통 한 개 위애 스티로폼 공을 붙인다.

③ 공예철사로 귀를 만든다.

④ 금색 모루를 꼬리로 만들어 붙인다.

사진 4-7

제4장 과제

1. 그룹으로 재활용품의 종류를 조사하여 정리하시오.

2. 개인별로 재활용품을 이용하여 유아들을 위한 조형활동 방법 한 가지를 제시하고 작품을 제출하시오.

3. 개인별로 재활용품을 이용하여 유아들을 위한 놀잇감을 한 가지 제작계획서와 함께 제작하여 제출하시오.

제 5 장

종이 조형활동

1. 종이의 기원
2. 종이의 종류와 용도
3. 종이의 특성
4. 종이 조형활동의 유형
5. 활동의 실제

1. 종이의 기원

1) 종이의 발명

후한서(後漢書)에 의하면 최초의 종이는 서기 105년 중국의 채륜이 만들어 황제에게 바쳤다는 기록이 있다.

2) 종이 발명의 의미

(1) 기록의 발달

종이의 발명은 인쇄술의 발명과 함께 인류 사회에 지식혁명을 일으켰다. 종이가 발명되기 이전에 사용되었던 기록 재료는 돌, 동물의 뼈(갑골), 점토판, 동물의 가죽(양피지), 나무조각, 천, 파피루스이다.

(2) 미래사회에서 종이의 의미

종이의 필요에 대한 견해의 차이가 있다. 계속 종이는 인류 사회에 필요하여 발명될 것이라고 보는 입장과 앞으로는 컴퓨터와 같은 기계의 발달로 종이가 필요하지 않아 없어질 것이라는 견해가 있다.

2. 종이의 종류와 용도

종이는 사용되는 용도에 따라 두께, 크기, 소재, 기능이 다 다르다. 일반적으로 사용되고 있는 용도에 따라 구분해 보면 다음과 같다.

① 인쇄용지 : 모조지(백상지), 갱지, 신문용지, 서적용지, 색지
② 필기용지 : 노트용지, 화선지, 판화지, 파스텔용지, 도화지
③ 정보용지 : 프린터용지, 복사원지
④ 위생용지 : 미용용지, 크린싱페이퍼, 화장지, 타올지
⑤ 포장용지 : 크라프트지, 봉투지, 골판지, 포대용지
⑥ 공업용지 : 방수용지, 내수지

3. 종이의 특성

1) 종이의 앞과 뒤

종이에는 앞면과 뒷면이 있는데, 면이 매끄러운 것이 대개 앞면이다.

2) 종이의 결과 신축

(1) 세로결과 가로결

종이에는 세로결과 가로결이 있다.

(2) 종이의 결을 아는 법

① 찢어서 잘 찢어지면 결의 방향이고 찢어서 비뚤게 찢어지고 찢는데 힘이 들면 결의 반대이다.
② 접어서 깨끗이 접어지면 결의 방향이고 깨끗이 접어지지 않으면 결의 반대이다.

③ 종이를 물에 띄워서 물의 흐름에 따라 종이가 굽어지는 것이 결의 방향이다.

3) 종이의 강도

종이의 강도는 종이의 재료와 만드는 방법에 의해 결정된다. 하드보드지와 같이 두껍게 겹쳐 만든 것은 강도가 세며 복사지처럼 얇은 것은 강도가 약하다. 또 재질이 무엇으로 이루어졌는지에 따라서도 강도가 다르다. 보통 재생종이는 새 종이에 비해 강도가 약하고 물에 잘 풀어진다.

4) 종이의 광택

종이 면이 빛이 나는 정도를 말한다. 광택이 있는 것이 있고 광택이 없는 것도 있다.

5) 황금비율

종이에는 황금비율이 있다. 황급비율은 스케치북, 복사지 등 일반적으로 사람들이 편안한 마음을 가지고 사용하고 있는 가로와 세로의 비율이다.

6) 감각에 따른 종이 분류

종이에는 만지는 촉감에 따라 느낌이 다르며 소리가 다르다. 바삭바삭한 느낌의 소리와 바삭바삭 소리가 나는 종이가 있고, 화장지 같이 푹신푹신한 촉감의 종이도 있다. 종이에는 투명하게 비치는 종이가 있고, 겉면이 매끈매끈한 종이, 까칠까칠한 종이도 있다.

4. 종이 조형활동의 유형

1) 종이접기

(1) 교육적 가치

① 집중력이 신장된다.

종이접기를 하면 접는 과정에 몰두하게 되어 집중력이 길러진다.

② 창의력이 신장된다.

종이접기는 종이라는 매체를 접어서 사물을 새롭게 표현하는 것으로 사물을 새롭게 보고 관찰하며 생각하는 사고과정을 가질 수 있고 독창적인 표현을 하는 등 창의력이 길러진다.

③ 두뇌가 개발된다.

종이접기는 접는 과정이 손의 소근육을 움직여 하는 것이므로 뇌를 자극하여 뇌발달을 이룰 수 있다.

④ 과학적 사고가 신장된다.

종이접기는 접는 면과 사물을 도형적 측면에서 보게 되고 접는 과정의 순서에 따라 다른 모양이 나오는 것을 경험하면서 공간구조, 순서, 길이의 비율 등 수학적, 과학적 사고가 발달된다.

⑤ 긍정적 정서가 길러진다.

종이접기를 완성하고 나면 기쁨과 즐거움, 성취감이 길러진다.

(2) 예술적 가치

① 종이접기를 통해 종이의 아름다움을 느낄 수 있다.
② 사물의 아름다움을 볼 수 있는 안목이 생긴다.

(3) 오락적 가치

종이접기는 즐거움을 주며, 여가를 선용할 수 있도록 한다.

(4) 의료적 가치

① 종이접기는 신체장애자에게는 소근육을 움직이게 하는 재활요법의 수단으로 사용되어 건강에 유익을 줄 수 있다.
② 종이접기는 뇌세포가 줄어드는 노인에게 치매예방의 수단으로 활용될 수 있다.

(5) 우리나라의 종이접기

우리나라는 종이 제작 기술이 발달했고 종이를 실생활에 활용을 잘하는 문화이다. 전통종이공예가 발달하였고 종이접기와 관련된 공예품들도 실생활에서 사용되었다. 종이접기를 이용한 생활 공예품의 예를 들면 부채, 책, 고깔모자, 색실상자 등을 들 수 있다. 현재 종이접기는 종이로봇과 같은 과학적이고 새로운 것의 추구가 이루어지고 있다.

2) 종이구성

(1) 종이구성의 의미

종이를 형태, 색깔, 질감의 특성을 살려서 평면으로 또는 입체로 다양하게 구성하여 그 아름다움을 찾는 것이다.

(2) 평면적 종이구성

다양한 종이와 형태를 이용하여 평면을 구성하는 것이다.

(3) 입체적 종이구성

다양한 종이와 형태를 이용하여 입체적으로 공간을 구성하는 것이다.

3) 종이배접

종이배접은 종이를 풀에 묻혀 여러 겹 발라서 모양을 내어 만드는 공예이다. 종이배접을 이용해서 만든 공예품은 매우 단단해서 일상생활에 필요한 것들을 만들어 사용할 수 있다.

4) 종이죽(지호) 공예

종이를 잘게 찢어 물에 불린 뒤에 풀을 섞어 절구에 찧거나 오래 만져 주면 끈기가 있는 종이죽이 된다. 이 종이죽으로 여러 가지 공예품을 만든다. 옛날에는 닥종이를 사용하였으나 요즘은 신문지나 우유곽에서 나오는 펄프 등 폐지를 이용한다.

옛 선비들은 다 읽은 책을 뜯어서 만들었다고 한다. 종이로 표주박, 갑옷, 탈, 함지박, 반짇고리, 필통, 상자 등 여러 가지를 만들어서 사용하였다. 종이죽 공예품은 가볍고 질기고 단단해서 오늘날 일상생활에 사용하는 소품들이나 장식물을 만들어 사용하기도 한다.

5) 한지공예

한지공예는 한지와 판지를 이용하여 패물함, 찻상, 가리개, 옷장 등을 만드는 것을 말한다.

6) 지승공예

종이를 길고 좁게 잘라 손으로 꼬고 그것을 엮어서 여러 가지 물건을 만드는 것으로 짜는 기법에 따라 무늬가 다르게 나온다.

7) 종이모형

종이를 만들려고 하는 모형의 형태에 따라 전체 또는 부분 부분으로 전개도를 그린 다음 자르고 접고 붙여서 모형을 만드는 것으로 가옥, 인형, 곤충, 로봇 등 여러 가지가 있다.

이 밖에도 종이조각, 닥종이 공예 등 종이로 할 수 있는 기법이 많다.

5. 활동의 실제

1) 활동명 : 각시 탈 만들기

〈목표〉

① 종이배접 방법을 안다.

② 종이배접의 특성을 안다.

③ 창의력을 기른다.

〈자료〉

신문지, 플라스틱 바가지(또는 풍선), 도배풀, 창호지, 가위, 칼, 송곳, 수채화 물감 및 물감도구, 투명락카, 끈(또는 고무줄)

〈활동방법〉

① 플라스틱 바가지(또는 풍선) 위에 신문지 조각을 물에 적셔 골고루 2겹 정도 바른다.
② ① 위에 도배풀을 바른 신문지 조각을 골고루 5겹 정도 붙인다. 이때 어느 한 부분을 다른 부분보다 많이 발라 두께가 차이나지 않도록 주의한다.
③ 가장자리를 잘 다듬는다.
④ ③을 그늘과 바람이 통하는 곳에서 잘 말린다.
⑤ ④를 ②와 같은 방법으로 신문지 3겹, 창호지 2겹을 풀에 발라 바르고 마지막으로 창호지 면적을 되도록 넓게 해서 되도록 매끈하게 잘 바른다.
⑥ 눈의 위치에 구멍을 뚫는다. 눈 부위를 매끄럽게 잘 다듬는다.
⑦ ④와 같이 잘 말린다.
⑧ 잘 마른 ⑦ 위에 물감으로 각시의 특징을 잘 표현한다.
⑨ ⑧이 마르면 투명락카를 뿌린다.
⑩ 끈이나 고무줄을 자기 머리에 잘 걸리도록 고정한다.
⑪ 탈을 써 본다.

〈유의점〉

① 습기가 많은 여름에는 곰팡이가 슬기 쉬우므로 날씨를 고려하여 활동시기를 정한다.
② 탈을 만들기 전에 유아들과 탈에 대한 활동을 하고, 어떤 탈을 만들지 이야기한다.
③ 탈을 쓰고 역할놀이나 탈춤을 춰본다.

사진 5-1

2) 활동명 : 종이죽 그릇 만들기

〈목표〉

① 우유곽이 재활용되는 과정을 안다.

② 자원의 소중함을 안다.

③ 종이죽 공예방법을 안다.

〈자료〉

우유곽, 도배풀, 물, 틀이 되는 그릇(말랑말랑하여 잘 벗겨지거나 잘라 버릴 수 있는 것, 예; 사발면 그릇), 믹서기, 수채화 물감 및 도구, 투명락카

〈활동방법〉

① 우유팩을 깨끗이 세척한다.

② 우유팩의 안과 겉에서 비닐을 벗겨 하얀 펄프지만 남긴다.

③ 우유팩에서 나온 펄프지를 잘게 찢어 미지근한 물에 불린다.

④ ③을 믹서기에 곱게 간다. 그릇에 색을 넣고 싶으면 색깔물을 넣고 간다.

⑤ ④에 도배풀을 잘 섞는다.

⑥ 바람이 통하는 그늘에 5일 정도 두면 마른다.

⑦ 다 마르면 겉면에 원하는 색으로 칠한다.

〈유의점〉

① 종이죽 재료는 우유팩 이외에도 신문지, 헌책 등 생활 폐지를 이용할 수 있다.

② 종이죽은 습기에 약하기 때문에 마감제를 바르는 것이 좋다.

사진 5-2

3) 활동명 : 재생종이

〈목표〉

① 우유팩이나 신문지 등 폐휴지가 재활용되는 과정을 안다.

② 자원의 소중함을 안다.

③ 재생종이 만드는 방법을 안다.

〈자료〉

우유팩이나 신문지, 물, 그릇, 믹서기, 신문지, 물감 및 도구

〈활동방법〉

사진 5-3

① 우유팩을 깨끗이 씻는다.

② 우유팩의 안과 겉에서 비닐을 벗겨 하얀 펄프지만 남긴다.

③ 우유팩에서 나온 펄프지를 잘게 찢어 미지근한 물에 불린다.

④ ③을 믹서기에 곱게 간다. 그릇에 색을 넣고 싶으면 색깔물을 넣고 간다.

⑤ 가는 채에 얇게 ④를 뜬다. 채가 없는 경우 스타킹을 세탁소 옷걸이에 씌워서 사용한다. 이 때 압화를 중간에 넣으면 완성된 다음에 은은히 비쳐서 아름답다. 냄새를 나게 하고 싶은 경우 향수를 뿌려 준다.

⑥ 채에서 어느 정도 물기를 뺀 다음 신문지에 놓는다. 이때 신문지가 물기를 빨아들여 빨리 건조될 수 있다.

⑦ 다 마르면 겉면에 수채화 물감으로 그림을 그리거나 시를 써서 장식품으로 카드로 사용할 수 있다.

4) 활동명 : 한지상자 만들기

〈목표〉

① 한지상자의 아름다움을 안다.
② 우리나라에 대해 긍지감을 갖는다.
③ 한지상자 만드는 법을 안다.

〈자료〉

두꺼운 상자, 한지, 색한지, 우리나라 전통 문양, 칼, 가위, 자, 도배풀, 한지 마감제나 투명락카

〈활동방법〉

① 적당한 크기와 두꺼운 상자를 고른다.
② 상자를 한지로 풀로 붙여 싼다. 상자가 코팅이 되어 있는 것은 비닐막을 벗겨 낸다. 상자의 색이 진할 경우 한지를 여러 번 덧바른다.

사진 5-4

③ 원하는 색한지를 풀로 붙인다.
④ 우리나라 전통 문양의 무늬를 장식할 곳에 붙인다.
⑤ 마감제나 투명락카를 뿌린다.

〈유의점〉

유아들이 활동할 때는 완성도가 높지 않아도 즐기는 과정이 될 수 있도록 한다. 우리나라 문양은 복사해서 교사가 오려서 붙이게 하거나 스티커로 나와 있는 것을 사용하도록 한다.

5) 활동명 : 오목볼록 입체조형

〈목표〉

① 종이의 입체적 구성을 할 수 있다.

② 사물의 오목볼록한 것에 관심을 가지고 표현할 수 있다.

〈자료〉

도화지 또는 색상지, 컴퍼스, 연필, 가위, 볼펜, 풀 또는 양면테이프, 꾸미기 할 것 등

〈활동방법〉

① 도화지나 색상지에 컴퍼스로 반지름이 다른 동심원을 여러 개 만든다. 동심원의 수가 많을수록 오목볼록의 횟수가 많아진다.

② 다음의 그림에서와 같이 맨 가장자리와 빗금친 부분을 오려 낸다.

③ 안쪽의 원부터 바깥 원까지 원의 테두리를 볼펜이나 이쑤시개 등 날카로운 물건으로 눌러 준다. 눌러 준 부분을 손으로 접어 준다.

④ 안쪽 원을 오목하게 나오게 할지 볼록하게 나오게 할지 정해서 손으로 만져 준다.

⑤ 풀칠할 부분에 풀이나 양면테이프를 붙여 고정시킨다.

⑥ 꾸미기를 한다.

〈유의점〉

이 활동은 유아를 대상으로 하기엔 어려운 활동이며 교사가 환경구성을 할 때 솜씨를 발휘하기 위해 하면 좋다.

사진 5-5

이상과 같은 방법 이외에도 다양한 종이 기법이 있다.

〈다양한 종이기법〉

사진 5-6-①

사진 5-6-②

사진 5-6-③

사진 5-6-④

제5장 과제

1. 아래 그림 9가지 무늬 중 한 가지를 선택하여서 다양한 종이를 이용하여 종이구성 작품을 만들어 보시오.

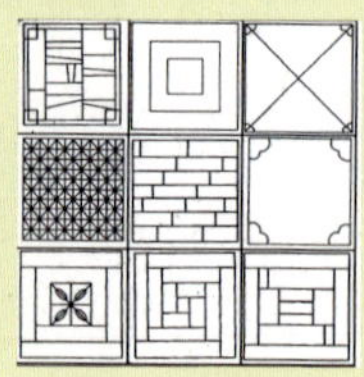

2. 3-5세 유아들이 할 수 있는 종이접기 작품 3가지를 순서도를 만들어 보시오.

3. 다음의 의태어, 의성어에 적합한 종이를 찾아 붙여 보시오.

의성어, 의태어	종 이		
바삭바삭			
푹신푹신			
매끈매끈			
거칠거칠			

제 6 장

철사 조형활동

1. 교육적 가치
2. 예술적 가치
3. 철사의 종류와 도구
4. 활동의 실제

철사는 유아들이 자주 사용하지 않는 재료이지만 되도록 다양한 재료를 경험함으로써 유아들의 창조적 능력이 신장될 수 있기에 조형활동 재료로 추천될 수 있다. 요즘은 유아들이 힘 안들이고 쉽게 구부리고 필 수 있는 알루미늄으로 개선되고 색상도 여러 가지로 나와 있어 흥미있고 쉽게 활동할 수 있다.

1. 교육적 가치

(1) 창의성과 표현력을 기를 수 있다.

철사 조형활동으로 여러 가지 표현이 가능하므로 생각한 바를 표현할 수 있으며 다른 재료와 달리 철사만의 재질과 느낌이 유아들에게 새로운 표현 시도를 해 보도록 해 준다. 사물을 선으로 표현하는 경험을 하게 한다. 이런 경험에서 유아의 창의성과 표현력이 길러질 수 있다.

(2) 생활 속에서 철사의 용도를 이해하며 폭넓은 사고를 할 수 있게 한다.

철사 조형활동은 유아들로 하여금 철사에 대한 재료의 특성을 탐구하고 일반 사물에 적용하려는 시도를 할 수 있게 하여 재료에 대한 폭넓은 사고를 가능하게 한다.

2. 예술적 가치

철사 조형 작품은 장식품, 생활소품, 인테리어 소품 등 거의 모든 것을 만들 수 있으며 철사 조형 작품의 독특한 아름다움을 나타낸다.

3. 철사의 종류와 도구

1) 철사의 종류

철사의 종류는 매우 다양하다. 그러나 유아들을 위한 조형활동으로 사용할 수 있는 철사는 알루미늄 철사에 피복을 입힌 철사가 다루기가 쉬워 좋다.

2) 도구의 종류

철사 공예에 니퍼, 평집게, 구자집게 등 여러 가지가 사용되나 유아들의 조형활동에서는 일상생활에서 사용하는 볼펜대, 딱풀통, 나무막대기 등이 유용하다.

4. 활동의 실제

1) 활동명 : 가방 만들기

〈목표〉

① 철사의 특징을 안다.

② 철사를 다룰 수 있다.

③ 집중력이 길러진다.

〈자료〉

알루미늄 와이어, 고무공, 야구공, 종이테이프, 딱풀통, 볼펜대, 낚싯줄, 모기장

〈활동방법〉

① 철사를 가로와 세로로 엮어 밑바탕을 만든다.
② 밑바탕에서 철사를 계속 엮으면서 올라온다.
③ 높이가 정해진 만큼 올라오면 철사를 매듭짓는다.
④ 철사 두 줄을 꼬아서 양쪽에 고정시킨다.

〈유의점〉

매듭을 짓는 부분이 위험하지 않도록 잘 마무리한다.

사진 6-1

2) 활동명 : 크리스마스 장식물

〈목표〉

① 크리스마스가 특별한 날인 것을 안다.

② 철사의 특징을 알고 장식물을 만들 수 있다.

③ 창의성을 기를 수 있다

〈자료〉

알루미늄 와이어, 삼각형 틀, 비즈 등 악세서리, 종이컵, 지점토

〈활동방법〉

① 알루미늄 와이어에 비즈나 악세서리를 낀다.

② 알루미늄 와이어를 삼각형 틀에 대고 삼각형을 만든다. 이 때 끝을 남겨 둔다.

③ 삼각형 세 개를 만든 다음 세 개를 연결해서 크리스마스 나무를 만든다.

④ 종이컵을 꾸미고 안에 무게를 잡기 위해 지점토를 넣는다.

⑤ 철사로 된 크리스마스 나무를 꽂는다.

〈유의점〉

지점토가 아니어도 무게를 잡고 철사를 고정시킬 수 있으면 된다.

3) 활동명 : 철사꽃 만들기

〈목표〉

① 철사의 특징을 안다.

② 철사를 다룰 수 있다.

③ 창의성이 길러진다.

〈자료〉

알루미늄 와이어, 나무막대, 노란 고무줄, 종이테이프

〈활동방법〉

① 알루미늄 와이어를 나무막대에 감고 막대는 빼낸다.

② ①을 가운데를 중심으로 사방으로 벌린다.

③ 가운데를 노란 고무줄로 감는다. 철사 끝부분을 종이테이프로 잘 마무리 한다.

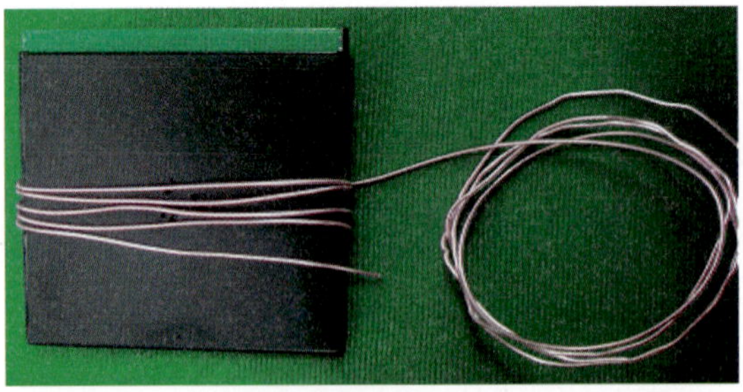

사진 6-2-①

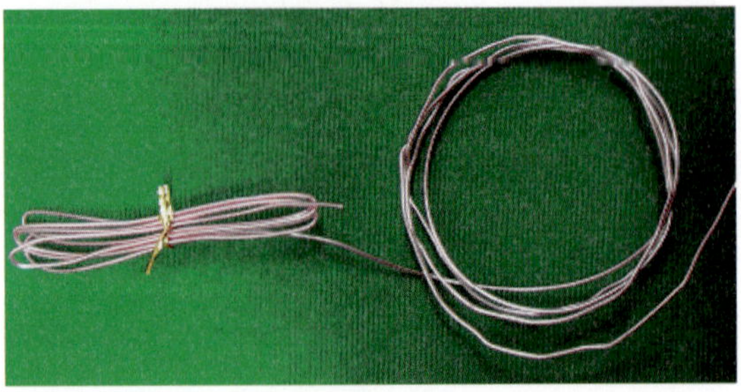

사진 6-2-②

사진 6-2-③

사진 6-2-④

4) 활동명 : 창문 장식물

〈목표〉

① 철사의 특징을 안다.

② 창문 장식물을 만들 수 있다.

③ 창의성을 기를 수 있다

〈자료〉

알루미늄 와이어, 비즈 등 액세서리

〈활동방법〉

① 알루미늄 와이어에 비즈나 액세서리를 낀다.

② 알루미늄 와이어를 시작 전 20센티 정도를 남기고 생각한 대로 구부려 장식물을 만든다.

③ 남겨둔 끝은 구부려서 창문 커튼 고리에 건다.

사진 6-3

제6장 과제

1. 유아들이 개별로 할 수 있는 철사 조형활동 한 가지를 활동계획서와 함께 작품을 제작해 보시오.

2. 유아들이 그룹으로 할 수 있는 철사 조형활동 한 가지를 활동계획서와 함께 작품을 제작해 보시오.

제7장

폼아트 활동

1. 교육적 가치
2. 예술적 가치
3. 폼아트 재료와 도구
4. 폼아트 조형방법
5. 활동의 실제

폼아트란 우드락이나 스티로폼을 이용하여 화려하고 예쁜 입체적 게시물이나 생활에 사용할 수 있는 작품을 만드는 공예이다. 작은 작품부터 대향 간판까지 활용도가 크다.

폼아트는 유아를 대상으로 하는 조형활동은 아니며, 유아교사가 교실에서 또는 행사를 위한 교실 외의 장소에 게시물을 화려하고 눈에 띄게 장식하여 환경 구성을 하고자 할 때 폼아트를 한다.

1. 교육적 가치

1) 폼아트에 대한 지식을 통해 우드락이나 스티로폼을 잘 다룰 수 있게 된다.
2) 폼아트 작품은 보는 유아들에게 긍정적 정서와 미적 감각을 길러 준다. 아름다운 다양한 색상과 입체감의 표현은 유아들에게 정서적 기쁨과 심미감을 길러 준다.
3) 게시물의 내용이 효과적으로 전달될 수 있다.
4) 집중력이 길러진다.
5) 폼아트 작품은 표현하고자 하는 사물의 단순화된 형태로 상상력과 창의력을 발달시키는데 도움이 된다.

2. 예술적 가치

1) 폼아트 작품을 통해 화려함을 느낄 수 있다.
2) 가벼운 재료지만 표현력이 크다.

3) 폼아트는 입체적으로 환경을 아름답게 꾸미는데 효과가 높다.

3. 폼아트 재료와 도구

1) 폼아트 재료

(1) 스티로폼

발포폴리스티렌(EPS: Expanded Polystyrene)은 생산되는 나리의 상표명으로 흔히 스티로폴(독일, Styropor) 또는 스티로폼(미국, Styrofoam)으로 불리고 있다. 제품의 특성은 완충성, 방수성, 열차단성, 경량성, 성형성, 경제성, 열에 약한 특성을 들 수 있다. 이런 특성에 따라 사용되는 용도도 건축의 단열재, 도로건설용 등 토목용 자재, 제품의 완충포장재, 식품을 담는 포장용기, 헬멧 및 서핑보드의 내장재, 기타 산업용 포장재 등으로 사용된다. 크기와 두께가 여러 가지 있다.

(2) 우드락

스티로폼을 압축시킨 것이 우드락이다. 우드락에는 여러 종류가 있는데 컬러가 인쇄된 컬러 우드락, 콜크를 붙인 콜크 우드락, 접착할 수 있도록 본드 칠이 되어 있는 접착 우드락 등 여러 가지가 있다. 유아교육 현장에서 많이 사용되고 있는 것은 컬러 우드락이다.

(3) 아크릴 물감 또는 스티로폼 물감

스티로폼에 색깔을 입히기 위해 아크릴 물감이나 스티로폼 물감을 사용한다. 이 물감들은 사용 후 곧 굳어지기 때문에 사용 후 곧 빨아야 한다. 새 붓보다는 사용한 후 버려도 되는 붓을 사용하는 것이 경제적이다. 넓은 면적을 칠할 때에는 스폰지를 잘라 사용하는 것도 좋다.

2) 폼아트 도구

① 붓 : 어느 종류의 붓이든 활동을 하는데 용이하다.

② 스폰지 : 넓은 면적을 고르게 빠르게 칠하고자 할 때 편리하다.

③ 칼 : 칼은 직선을 자를 때 사용할 수 있으나 둥글게 자를 때나 모양을 내어 자를 때는 힘들다.

④ 열선 : 열선이 손잡이 부분에 있는 열을 가하는 장치를 누르면 열선의 온도가 높아져 스티로폼의 열에 약한 성질로 스티로폼이 녹으면서 잘라진다.

⑤ 스티로폼 본드 : 스티로폼은 오공본드와 같은 공업용 본드에 녹는다. 스티로폼 본드를 사용하여 접착시킨다.

4. 폼아트 조형방법

1) 스티로폼에 도안을 그리기

자르기 전에 먼저 연필 등으로 도안을 그린 다음 선의 안쪽으로 자르면 된다. 보다 깨끗하게 하기 위해서 종이에 도안을 하고 그 도안을 오린 다음 핀으로 스티로폼 위에 고정시키고 종이도안의 바깥쪽으로 오리면 된다. 글자를 자를 때 스티로폼에 좌우를 실제와 반대로 붙여 잘라야 글자가 바르게 나오게 된다.

2) 입체감 주기

입체감을 주기 위해 스티로폼 위에 스티로폼을 덧붙인다. 붙이는 접착제는 스트로폼 본드를 사용해야 한다.

3) 열선의 바른 사용

열선의 열이 스티로폼을 자를 만큼 열이 올라와 있을 때 잘라야 한다. 그리고 스티로폼 면과 열선이 직각을 이룰 때 잘 잘라지고 열선이 끊어지지 않는다.

열선을 사용할 때는 먼저 무엇을 어떻게 자를 것인지 생각한 다음 과감하게 잘라야 한다. 열선을 대고 머무적거리면 스티로폼이 깨끗하게 잘라지지 않는다.

5. 활동의 실제

1) 활동명 : 게시판 만들기

〈목표〉

① 스티로폼의 특성을 안다.
② 열선을 다룰 수 있다.
③ 게시판 내용을 폼아트로 표현할 수 있다.

〈자료〉

스티로폼, 아크릴 물감 및 도구, 열선, 반짝이 가루, 스티로폼 본드, 연필

〈활동방법〉

① 게시판 내용을 이해하고 표현할 모양에 대해 이야기 나눈다.

② 스티로폼에 연필로 그림을 그린다.

③ 열선으로 잘라 낸다.

④ 아크릴 물감과 도구로 색칠한다.

⑤ 붙일 모양을 본드로 붙인다.

⑥ 반짝이 가루를 바른다.

⑦ 구멍을 뚫고 낚싯줄로 매서 게시할 곳에 단다.

사진 7-1

2) 활동명 : 냉장고 장식물

〈목표〉

① 스티로폼의 특성을 안다.

② 열선을 다룰 수 있다.

〈자료〉

스티로폼, 아크릴 물감 및 도구, 열선, 반짝이 가루, 스티로폼 본드, 연필, 원자석, 눈알, 뽕뽕이

〈활동방법〉

① 장식할 모양에 대해 이야기 나눈다.

② 스티로폼에 연필로 그림을 그린다.

③ 열선으로 잘라 낸다.

④ 아크릴 물감과 도구로 색칠한다.

⑤ 자석을 본드로 붙인다.

⑥ 반짝이 가루를 바른다.

사진 7-2

제7장 과제

1. 폼아트로 자기 이름을 제작하고 사진을 찍어서 붙이시오.

2. 그룹으로 유아교육기관 행사에 게시할 작품을 제작하고 사진을 찍어서 붙이시오.

제 8 장

벽걸이 조형활동

1. 교육적 가치
2. 예술적 가치
3. 활동의 실제

벽걸이 조형활동은 유아들이 생활주제나 견학지에서 이해하거나 공감한 것을 모두가 벽걸이로 걸어 두면서 시간을 두고 재음미해 볼 수 있도록 하는데 효과적이다. 벽걸이 조형활동의 재료는 종이나 천 등 유아들이 표현하길 원하는 재료로 제한이 없으나 오래 걸어 두어도 훼손되지 않는 재료가 좋다.

1. 교육적 가치

1) 벽걸이는 평면작업이지만 공간을 가르며 구분하는 조형물로 유아들에게 색다른 느낌을 준다.
2) 창의적으로 표현하는 것을 돕는다.
3) 위에서 보고 그린 그림이 세워진 그림으로 보이는 시각적 차이에 따른 변화를 느낄 수 있다.

2. 예술적 가치

1) 벽걸이는 여러 가지 재료로 유아들이 원하는 바를 표현하므로 그 자체가 유아들에게는 의미가 있다.
2) 유아들의 창의적 표현이 아름다움을 느끼게 한다.

3. 활동의 실제

1) 활동명 : 벽걸이 만들기

〈목표〉

① 표현하고 싶은 것을 창의적으로 표현한다.
② 공간을 나누는 벽걸이의 기능을 알 수 있다.
③ 학습경험을 회상할 수 있다.

〈자료〉

종이(전지 크기) 또는 헝겊(흰색 또는 옅은색 면으로 만든 천) 한 마 또는 아세테이트지, 형광종이, 색상지, 수채화 물감 및 도구, 크레파스, 형광테이프, 본드, 블랙라이트, 아크릴 물감 및 도구, 빔프로젝터, 스카치테이프

〈활동방법 1〉

① 흰 종이나 천을 빔프로젝터 비추는 곳에 붙인다.
② 유아들이 벽걸이 그림으로 그리고 싶은 명화나 사진이나 그림을 빔프로젝터로 비춘다.
③ 천이나 종이에 비쳐진 그림의 윤곽선이 보이도록 크레파스로 그린다.
④ 책상 위나 교실 바닥에 놓고 그림에 크레파스나 물감으로 색을 칠한다.
⑤ 완성된 그림을 천장에 매단다.
⑥ 감상하고 평가한다.

〈활동방법 2〉

① 아세테이트지를 빔프로젝터 비추는 곳에 붙인다.
② 벽걸이 그림으로 그리고 싶은 명화나 사진을 빔프로젝터로 비춘다.

③ 아세테이트지 위에 비쳐진 그림의 윤곽선이 보이도록 크레파스로 그린다.

④ 책상 위나 교실 바닥에 놓고 그림에 크레파스나 아크릴 물감으로 색을 칠한다.

⑤ 완성된 그림을 천장에 매단다.

⑥ 감상하고 평가한다.

〈활동방법 3〉

① 아세테이트지에 그릴 그림의 밑그림을 그린다.

② 형광종이나 형광테이프를 이용하여 색을 칠한다.

③ 완성된 그림을 천장에 매단다.

④ 교실을 어둡게 한 후 블랙라이트를 그림 밑에 놓고 켠다.

⑤ 감상하고 평가한다.

사진 8-1

사진 8-2

제8장 과제

1. 그룹으로 벽걸이를 제작하고 사진을 찍어서 붙이시오.

2. 유아들이 그룹으로 천과 크레파스 또는 아세테이트지와 유성매직을 사용하여 벽걸이 제작활동을 할 수 있도록 주제와 관련된 활동교육계획안을 작성하여 보시오.

제 9 장

환경구성

1. 유아교육기관에서의 환경구성
2. 활동의 실제
3. 행사를 위한 환경구성

1. 유아교육기관에서의 환경구성

유아교육기관에서 환경구성은 생활하는 유아에게 중요한 영향을 준다. 뿐만 아니라 기관에 출입하는 외부인에게도 기관에 대한 정보와 인상을 주기 때문에 환경구성은 중요하다.

환경구성은 장소에 따라 다르며 그 시기의 교육과정상의 생활주제가 무엇이냐에 따라 달라져야 한다. 특별한 행사가 있는 경우 행사의 특성과 분위기에 맞는 환경구성이 되어야 행사의 효과를 더 할 수 있다.

1) 장소에 따른 환경구성

(1) 실내

실내의 환경구성은 교실이 중심적이며 복도나 외부 출입구인 현관도 포함된다.

교실은 교사가 생활주제에 교육적 도움을 줄 수 있고 그 반에서 생활하는 유아의 전인적 발달을 도울 수 있는 환경구성을 해야 한다. 교실 게시판이나 벽에 교육주제에 맞고 교육을 도울 수 있는 자료가 게시되거나 전시되어야 한다. 또 유아의 작품으로 환경을 구성하여 유아에게 긍지감, 성취감, 만족감을 주어 유아의 정서적 발달을 긍정적으로 도울 수 있다. 또한 다른 유아의 작품을 감상하여 표현의 다양성을 배우며 미적인 감각을 키울 수 있다. 교사는 유아의 작품이 좀 더 돋보이도록 배지를 대거나 작품의 특성에 따라 교사의 솜씨와 함께 어울려 하나의 작품으로 표현될 때 일체감을 느끼게 할 수 있다.

(2) 실외

실외의 환경구성은 유아들이 실외놀이를 할 때 감성적 경험을 할 수 있다. 그러나 실외는 작품이 자연에 노출되어 오래 보전되지 못하는 제한점이 있으므로 이런 점을 고려하여 환경구성을 해야 한다.

2) 교육과정의 생활주제에 따라

유아교육기관에서 보편적으로 선택되어지는 주제는 2007 개정 유치원교육과정 교사지도서에 의하면 유치원과 친구, 나와 가족, 우리 동네, 동식물과 자연, 건강과 안전, 생활도구, 교통기관, 우리나라, 세계 여러 나라, 환경과 생활, 봄, 여름, 가을, 겨울이다. 생활주제에 따라 환경을 구성하여 주제중심 교육활동이 이루어지도록 한다.

3) 환경구성을 하는 주도자에 따라

(1) 교사 주도

교사가 주도적으로 환경을 구성해야 할 공간이 있다. 유아교육기관의 현관이나 학부모를 위한 게시판 또는 유아를 기다리는 휴식공간 등 외부 손님이 기관에 대해 처음 갖게 되는 소개나 홍보가 이루어져야 하는 장소는 교사가 환경을 구성해야 한다. 이런 곳의 환경구성에서 중점적으로 다루어져야 할 것은 기관의 교육철학과 프로그램의 특징이 잘 나타나도록 해야 한다. 바깥 현관에는 기관의 교육목표, 상징(대표하는 꽃이나 동물, 또는 마크 등)에 대한 것과 현재 유아들의 활동상 등을 나타내는 사진들을 계절에 맞추어 제시한다. 안쪽 현관에는 기관의 역사물, 유아들의 활동사진, 주간계획안 등을 게시하여 보다 구체적인 소개를 한다.

(2) 유아 주도

교실이나 유아들이 통행하는 복도의 게시물은 유아들이 월간/주간의 주제활동을 하면서 조형활동 작품을 이용하여 교사가 유아의 의견을 모아 전시하거나 게시를 하면 활동내용에 대해 유아들이 회상할 수 있고 성취감을 느낄 수 있고 다른 유아들에겐 긍정적인 자극이 되어 교육에 도움이 된다.

2. 활동의 실제

1) 활동명 : 여름 바다

〈목표〉

① 여름과 바다에 대한 이해를 한다.
② 창의력과 상상력을 기른다.

〈자료〉

우드락 전지, OHP용지, 호일, 매직, 스팡클, 본드, 색상지, 칼, 가위 등

〈활동방법〉

① 조별로(5-6명) 여름바다에 대해 이야기 나눈다.
② 유아들의 작품이 들어갈 부분과 교사가 제작할 부분을 분석한다.
③ 전지 크기의 게시판에 여름바다에 관련된 환경을 구상한다.
④ 여러 가지 재료를 사용하여 꾸민다.
⑤ 감상하고 평가한다.

사진 9-1

2) 활동명 : 미래의 교통기관

〈목표〉

① 교통기관에 대한 이해를 한다.

② 창의력과 상상력을 기른다.

〈자료〉

우드락 전지, OHP용지, 매직, 색상지 , 본드, 칼, 가위, 아크릴 물감, 지구와 달의 인쇄물 등

〈활동방법〉

① 조별로(5-6명) 미래의 교통기관에 대해 이야기 나눈다.

② 유아들의 작품이 들어갈 부분과 교사가 제작할 부분을 분석한다.

③ 전지 크기의 게시판에 미래의 교통기관에 관련된 환경을 구상한다.

④ 여러 가지 재료를 사용하여 꾸민다.

⑤ 감상하고 평가한다.

사진 9-2

3. 행사를 위한 환경구성

유아교육기관에서 연간행사가 있을 때 행사에 따른 환경구성을 한다. 행사 환경구성은 행사의 특성에 맞추어 구성한다. 일반적으로 유아교육기관에서의 연간행사는 입학식, 학부모 참관수업, 어린이날 행사, 가족의 날 행사, 여름 캠프, 민속의 날, 산타잔치, 졸업식 및 수료식이다.

사진 9-3

사진 9-4

제9장 과제

1. 생활주제 중 하나를 선택하여 교실 게시판에 유아 작품을 중심으로 환경구성해 보시오.

2. 유아교육기관 벽면에 행사를 위한 환경구성을 한다고 생각하고 유아교육기관에서 일반적으로 이루어지는 행사들 중 한 가지를 선택하여 환경구성해 보시오.

제10장

음식물을 이용한 조형활동

1. 교육적 가치
2. 활동의 실제

유아들이 음식물을 이용하여 활동한다는 것은 유아들에게 매우 새롭게 생각되는 일이다. 평소에 음식물은 음식으로 섭취하는 것으로 제한된 생각을 하였으나 음식물로 조형활동을 하는 것은 여러 면에서 유아에게 유익이 될 것이다.

1. 교육적 가치

(1) 창의성이 길러진다.

음식물에 대한 고정된 생각을 벗어나게 되며 음식 재료를 다른 관점에서 볼 수 있게 된다.

(2) 상상력이 길러진다.

음식물로 무엇을 만들지에 대해 생각하는 것 자체가 흥미롭고 생각이 다양하게 될 것이다.

(3) 과학적 사고가 발달한다.

음식물을 이용하여 활동을 하면서 변화되는 화학적 변화와 양을 재고 길이를 재고 모양을 내는 과정에서 수학적 · 과학적 지식이 발달될 수 있다. 그리고 원인과 결과를 통해 논리적 사고가 길러질 수 있다.

(4) 심미감이 길러진다.

음식물 조형활동을 통해 아름다움을 느끼는 능력과 감각이 길러질 수 있다.

2. 활동의 실제

1) 활동명 : 과자로 얼굴 만들기

〈목표〉

① 음식물로 얼굴을 표현하는 창의성, 상상력을 기를 수 있다.

② 과자의 모양과 색깔을 이용하여 형태를 표현할 수 있다.

③ 심미감이 발달한다.

〈자료〉

뻥튀기 과자, 조청, 여러 종류의 과자, 종이접시, 위생장갑

〈활동방법〉

① 접시 위에 뻥튀기 과자를 놓는다.

② 여러 가지 과자의 모양과 색에 대해 살펴본다.

③ 뻥튀기 과자 위에 다른 과자를 얼굴 모양으로 놓아본다.

④ 조청을 발라 고정시킨다.

⑤ 감상하고 평가한다.

⑥ 맛있게 먹는다.

〈유의점〉

활동 시작 전에 손을 깨끗이 씻는다. 책상에 비닐을 덮는다.

사진 10-1

2) 활동명 : 모양쿠키 만들기

〈목표〉

① 음식물로 여러 가지 모양을 표현할 수 있다.

② 수학적 · 과학적 사고를 할 수 있다.

③ 심미감이 발달한다.

④ 창의성이 발달한다.

〈재료와 도구〉

① 재료(한 조 3-5인분)

밀가루(박력분) 120g, 설탕 45g, 버터 60g. 바닐라 오일 3-4방울, 베이킹파우더 1/4ts, 계란 1개, 소금 약간

② 도구

볼, 거품기, 주걱, 저울, 계량스푼, 오븐, 밀대, 장갑, 체, 망, 일회용 비닐봉지

〈활동방법〉

① 볼 위에 채를 놓고 박력분 밀가루, 베이킹파우더, 소금을 붓고 체를 쳐 둔다.

② 실온에 둔 버터를 풀어서 거품기로 휘저어 마요네즈 같은 액체처럼 되면 설탕을 넣고 잘 섞어 준다.

③ ②에 계란을 깨서 노른자만 넣고 섞는다.

④ ③에 바닐라 오일을 넣고 섞어 준다.

⑤ ④에 ①을 넣고 우물정자 쓰듯이 밀가루를 갈라가며 섞는다. 밀가루만 보이지 않으면 된다.

⑥ 고루 섞인 반죽을 뭉쳐 일회용 비닐봉지에 넣은 후 30분-1시간 정도 냉장고에 넣어 둔다.

⑦ 냉장고에서 반죽을 꺼내 밀대를 이용해 5㎜ 두께로 민 뒤 여러 가지 쿠키커터로 찍어 낸다. 쿠키커터로 찍지 않고 유아가 자유롭게 점토놀이 하듯 모양을 만들어 보게 할 수 있다. 단, 과자가 고르게 구어질 수 있도록 두께를 조정해 준다.

⑧ 찍어 낸 반죽을 오븐 팬에 올려놓고 170도로 예열된 오븐에 넣어 15-20분간 구워 낸다.

⑨ 다 구워진 쿠키를 망에 얹어 식힌다.

⑩ 감상하고 평가한 후 맛있게 먹는다.

사진 10-2

3) 활동명 : 모양 샌드위치 만들기

〈목표〉

① 음식물로 도형을 비롯한 모양을 표현할 수 있다.

② 창의성을 기를 수 있다.

③ 심미감이 발달한다.

〈자료〉

식빵, 마요네즈, 토마토 케이크, 치즈, 햄, 쿠키커터, 종이접시, 수저, 위생장갑

〈활동방법〉

① 접시 위에 식빵을 놓는다.

② 식빵에 마요네즈를 바르고 그 위에 치즈를 놓는다.

③ 치즈 위에 햄을 놓고 그 위에 토마토케찹을 놓는다.

④ 식빵으로 덮고 쿠키커터로 눌러 잘라 접시 위에 놓는다.

⑤ 감상하고 평가한다.

⑥ 맛있게 먹는다.

〈유의점〉

① 활동 시작 전에 손을 깨끗이 씻는다. 책상에 비닐을 덮는다. 유아들 중에 음식재료에서 알러지를 일으키는 재료가 있는지 활동 전에 조사하여 다른 재료로 대치한다.

② 샌드위치 속에 넣는 재료는 가감할 수 있다.

사진 10-3

참고 문헌

교육과학기술부(2009). 2007 개정 유치원교육과정 교사지도서. 서울 : (주)두산.

교육과학기술부, 육아정책연구소(2012). 5세 누리과정 운영지원을 위한 교원연수자료집.

교육과학기술부, 인천광역시유아교육진흥원(2013). 3-5세 연령별 누리과정 운영지원을 위한 교사연수자료집.

김민정, 엄연옥, 유진영, 유진희, 정민성(2007). 아름다운 와이어공예. 경기 : 성안당.

김정(1987). 아동의 미술교육연구. 서울 : 창지사.

류지후, 유혜숙, 양경희, 박정선(2001). 유아를 위한 조형활도의 통합적 접근. 서울 : 창지사.

모니카 봄 두겐, 김현우 역(2002). 세계명화비밀. 서울 : 생각의 나무.

박라미, 김윤아(2007). 경험이 있는 신 미술교육. 경기 : 양서원.

박영아, 김영유(2006). 유아를 위한 미술감상. 서울 : 창지사.

보건복지부, 중앙보육정보센터(2013). 어린이집표준보육과정 및 0-2세 영아보육프로그램의 이해.

브리짓 카사그랑다(2005). 강금희 역. 점토놀이, 서울 : 종이나라

유치원교육과정(2011). 교육과학부 고시 제2011-30호.

이명호(2004). 생태조형놀이. 서울 : 창지사.

이영자, 이정옥, 유혜숙(1998). 바람직한 유치원 미술교육의 방향. 어린이교육 제16집. 107-131.

이경자, 박지영(2008). 점토랑 친구되기. 서울 : 한국자랑 이종문화사.

이경희(2002). 만들기 쉬운 놀잇감. 서울 : 동문사.

이현아(2005). 교사를 위한 유아창작공예. 서울 : 창지사.

임현숙(2002). 창작공예. 서울 : 창지사.

전영탁, 전창림(1996), 알고 쓰는 미술재료. 서울 : 미술문화.

표준보육과정(2011). 보건복지부 고시

Bamford, Anne(2006). The Wow Factor. 백령 역(2007). 예술이 교육에 미치는 놀라운 효과. 서울 : 한길아트.

Baylor, B.(1987). When clay sings. New York : Atheneum/Simon & Schuster.

Bronson, M. B. (1995). The right stuff for children birth to 8 : Selecting play materials to support development, Washington, D.C. : NAEYC.

Clemens, S. G. (1991). Art in the classroom : Making every day special. Young Children 46(1). 4-11.

Dixon, A. (1990). Clay. New York : Garnett Educaitonal Company.

Eisner, E. W.(1990). Implications of Artistic Intelligences for Education, ed. William J. Moody, N.Y : Teachers College Press.

Hurwitz, Al & Michael Day(2001). Children and their art-methods for the elementary school(7th ed.). 전성수, 박수자, 김정선 역(2006). 어린이 미술교육의 이론과 실제. 서울 : 예경.

Jemsen, B. J. & Bullard, J. A. (2002). The mud center : Recaptureing childhood, Young Children, 16-19.

Johnson, E. J., Christie, J. F. & Yawkey, T. D.(1999). Play and early childhood development. Addison Wesley Longman, Inc.

Koster, J. B. (1999). Clay for little fingers. Young Children, 18-22.

Krause, Jim(2002). Color index. 김경인 역(2005). 서울 : 도서출판 국제.

Libby(2002). Enriching the Curriculum with Art Experiences, Delmar. N.Y : Thomson Learning.

Seefeldt, C.(1995). Art-A serious work. Young Children, 50,(3), 39-45.

Uteley, C. & Magson, M.(1997) Exploring clay with children. London, A & C Black.

Ward, C. D.(1996). Adult intervention : Appropriate strategies for enriching the quality of children's play, Young Children, 51(3), 20-25.

저자 소개

✍ 이경희

이화여자대학교 교육대학원 졸업(유아교육 전공)
서울여자대학교 대학원 졸업(유아교육 전공)
현, 인천재능대학교 유아교육과 교수
한국전문대학 유아교육과 교수협의회 이사
영유아교육학회 이사

유아창작공예 -입체조형중심-

초판발행 2011년 12월 31일
4판발행 2017년 8월 20일

저 자 이 경 희
발행인 김 현 태
발행처 태영출판사

주 소 (08301) 서울 구로구 구로동 104-10 동남오피스텔 201호
전 화 02・839-3757, 839-3752
팩 스 02・837-3754
등 록 2005년 5월 30일 제12-421호
홈페이지 http://www.taeyeongbook.co.kr
E-mail tys2005@hanmail.net
ISBN 978-89-6302-076-1 93370
정 가 18,000원

이경희
2017. 8.

NAVER
태영출판사